디지털독해가
문해력이다

5단계

초등 5 ~ 6학년 권장

KB190235

디지털독해가 문해력이다

5단계

초등 5 ~ 6학년 권장

교과서를 혼자 읽지 못하는 우리 아이?
평생을 살아가는 힘, '문해력'을 키워 주세요!

'디지털독해가 문해력이다'

디지털 매체 학습으로 문해력 키우기

1
디지털 매체에서 정보를 알맞게 읽어내는 문해력을 키울 수 있습니다.

디지털 매체를 활용한 학습을 하면서 디지털 매체에 담긴 정보를 올바르게 파악할 수 있도록 했습니다.

2
교과별 성취 기준을 바탕으로 한 디지털 매체 학습을 중심으로 구성했습니다.

각 교과에 나오는 디지털 매체인 온라인 대화방, 인터넷 게시판, 인터넷 백과사전, 인터넷 국어사전, 인터넷 뉴스, 텔레비전 뉴스, 블로그, 웹툰, 광고, 스토리보드, SNS를 중심으로 한 독해 학습이 가능합니다.

3
실생활에서 자주 접하는 다양한 디지털 매체를 제시하여 활용해 보는 활동을 구성했습니다.

온라인 대화방, 인터넷 백과사전, 웹툰 등 접하기 쉬운 다양한 디지털 매체를 제시했습니다.

4
디지털 매체를 활용한 다양한 독해 활동과 확인 문제를 구성했습니다.

독해 활동을 하면서 디지털 매체에 대해 이해하고 알맞게 활용할 수 있는지 확인할 수 있습니다.
여러 가지 유형의 확인 문제로 디지털독해를 제대로 학습하였는지 확인할 수 있습니다.

5
학습 내용과 함께 가치 동화를 제시하여 5가지 올바른 가치를 강조했습니다.

5가지 가치인 자신감, 성실, 인내, 행복, 공감을 주제로 한 동화를 구성하여
올바른 가치에 대해 생각해 볼 수 있도록 했습니다.

EBS 〈당신의 문해력〉 교재 시리즈는 약속합니다.

교과서를 잘 읽고 더 나아가 많은 책과 온갖 글을 읽는 능력을 갖출 수 있도록
문해력을 이루는 **핵심 분야별, 학습 단계별** 교재를 준비하였습니다.
한 권 **5회×4주 학습**으로
아이의 공부하는 힘, 평생을 살아가는 힘을 EBS와 함께 키울 수 있습니다.

어휘가 문해력이다	**어휘** 실력이 교과서를 읽고 이해할 수 있는지를 결정하는 척도입니다. 〈어휘가 문해력이다〉는 교과서 진도를 나가기 전에 꼭 예습해야 하는 교재입니다. 20일이면 한 학기 교과서 필수 어휘를 완성할 수 있습니다. 국어, 수학, 사회, 과학 교과서 수록 필수 어휘들을 교과서 진도에 맞춰 날짜별, 과목별로 공부하세요.
쓰기가 문해력이다	**쓰기**는 자기 생각을 표현하는 미래 역량입니다. 서술형, 논술형 평가의 비중은 점점 커지고 있습니다. 객관식과 단답형만으로는 아이들의 생각과 미래를 살펴볼 수 없기 때문입니다. 막막한 쓰기 공부. 이제 단어와 문장부터 하나씩 써 보며 차근차근 학습하는 〈쓰기가 문해력이다〉와 함께 쓰기 지구력을 키워 보세요.
ERI 독해가 문해력이다	**독해**를 잘하려면 체계적이고 객관적인 단계별 공부가 필수입니다. 기계적으로 읽고 문제만 푸는 독해 학습은 체격만 키우고 체력은 미달인 아이를 만듭니다. 〈ERI 독해가 문해력이다〉는 특허받은 독해 지수 산출 프로그램을 적용하여 글의 난이도를 체계화하였습니다. 단어 · 문장 · 배경지식 수준에 따라 설계된 단계별 독해 학습을 시작하세요.
배경지식이 문해력이다	**배경지식**은 문해력의 중요한 뿌리입니다. 하루 두 장, 교과서의 핵심 개념을 글과 재미있는 삽화로 익히고 한눈에 정리할 수 있습니다. 시간이 부족하여 다양한 책을 읽지 못하더라도 교과서의 중요 지식만큼은 놓치지 않도록 〈배경지식이 문해력이다〉로 학습하세요.
디지털독해가 문해력이다	**디지털독해력**은 다양한 디지털 매체 속 정보를 읽어내는 힘입니다. 아이들이 접하는 디지털 매체는 매일 수많은 정보를 만들어 내기 때문에 디지털 매체의 정보를 판단하는 문해력은 현대 사회의 필수 능력입니다. 〈디지털독해가 문해력이다〉로 교과서 내용을 중심으로 디지털 매체 속 정보를 확인하고 다양한 과제를 해결해 보세요.

교재의 구성과 특징

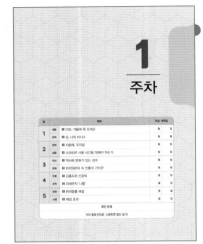

한 주에 5회 학습 계획을 세워 공부할 수 있도록 구성했습니다.

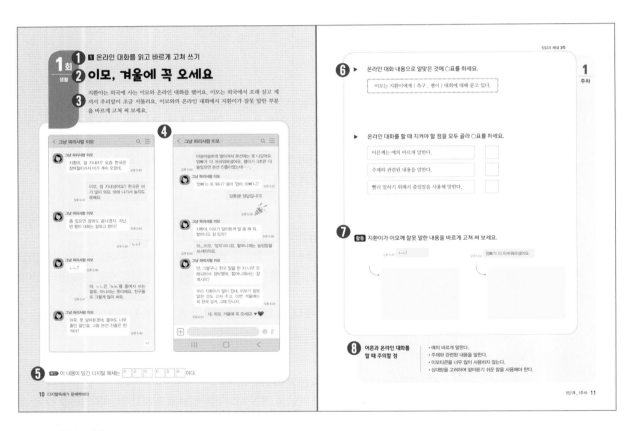

주차별 학습 내용

❶ 성취 기준   학습할 디지털 매체와 학습 방향을 제시했습니다.

❷ 제목   학습 내용의 제목을 제시했습니다.

❸ 생각 열기   학습 동기를 불러일으키는 활동 내용을 제시했습니다.

❹ 본문 학습   실생활에서 자주 보는 디지털 매체의 특성을 살려 본문 학습을 구성했습니다.

❺ 확인   본문에 사용된 디지털 매체를 확인할 수 있도록 한 문장으로 구성했습니다.

❻ 바탕학습   본문 내용을 확인해 보는 문제로 구성했습니다.

❼ 돋움학습   디지털 매체의 특성을 알고 적용해 볼 수 있는 활동으로 구성했습니다.

❽ 학습 정보   본문 학습과 관련된 정보나 디지털 매체에 대한 보충 설명으로 내용을 구성했습니다.

확인 문제
한 주 동안 학습한 내용을
다양한 문제 유형으로 확인
할 수 있도록 구성했습니다.

디지털 매체 다시 보기
디지털 매체를 다시 한 번
살펴보면서 상황에 따라 알
맞은 디지털 매체를 활용하
는 방법을 제시했습니다.

가치 동화
5가지 가치(자신감, 성실, 인내, 행복, 공감)를 담아 생활 속 이야
기를 구성했습니다.

활용 디지털 매체 보기

온라인 대화방

웹툰

인터넷 백과사전

인터넷 게시판

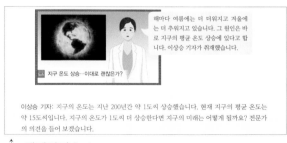
텔레비전 뉴스

블로그

교재의 차례

친구들과의 채팅방만 10개나 되고 손에서 스마트폰을 놓지 않는 나영.

스마트폰 중독이라고 할 정도의 상태인 나영이가

토론 대회에 나가게 되었어요. 주제는 '스마트폰 사회의 좋은 점과 나쁜 점'

나영이는 발표 준비를 하면서 단 하루라도

스마트폰 없는 날을 만들기로 엄마와 약속하는데……

– 가치 동화 〈스마트폰 없는 날〉 –

1 주차

1 온라인 대화를 읽고 바르게 고쳐 쓰기

이모, 겨울에 꼭 오세요

지환이는 외국에 사는 이모와 온라인 대화를 했어요. 이모는 외국에서 오래 살고 계셔서 우리말이 조금 서툴러요. 이모와의 온라인 대화에서 지환이가 잘못 말한 부분을 바르게 고쳐 써 보세요.

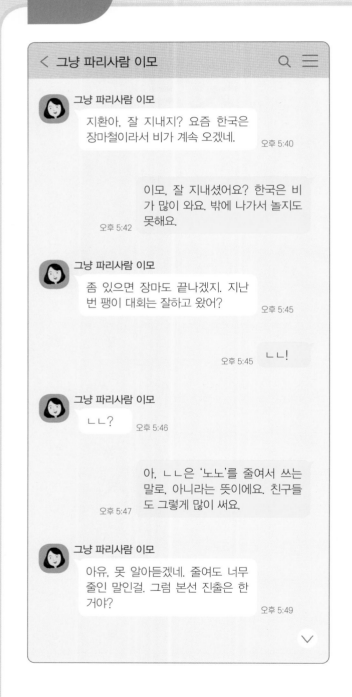

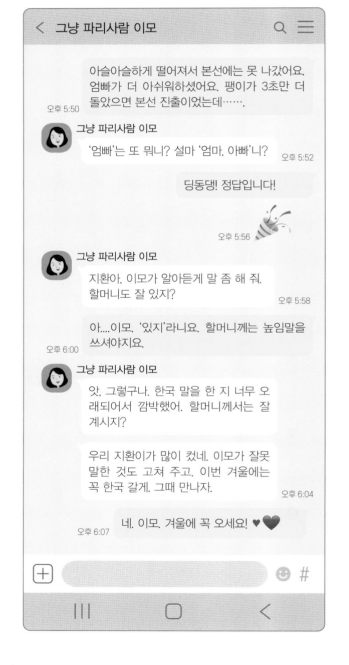

확인 이 내용이 담긴 디지털 매체는 ⃞ ⃞ ⃞ ⃞ ⃞ ⃞ 이다.

▶ 온라인 대화 내용으로 알맞은 것에 ○표를 하세요.

> 이모는 지환이에게 (축구 , 팽이) 대회에 대해 묻고 있다.

▶ 온라인 대화를 할 때 지켜야 할 점을 모두 골라 ○표를 하세요.

어른께는 예의 바르게 말한다.	
주제와 관련된 내용을 말한다.	
빨리 말하기 위해서 줄임말을 사용해 말한다.	

활동 지환이가 이모께 잘못 말한 내용을 바르게 고쳐 써 보세요.

오후 5:45 ㄴ ㄴ!

오후 5:50 엄빠가 더 아쉬워하셨어요.

어른과 온라인 대화를 할 때 주의할 점

· 예의 바르게 말한다.
· 주제와 관련된 내용을 말한다.
· 이모티콘을 너무 많이 사용하지 않는다.
· 상대방을 고려하여 알아듣기 쉬운 말을 사용해야 한다.

2 인터넷 백과사전을 읽고 게시판에 글 쓰기

오, 나의 비너스

우리가 살고 있는 지구와 닮은 쌍둥이 행성이 있어요. 무엇일까요?
바로 태양계에서 가까이 있는 금성이랍니다. 인터넷 백과사전에서 찾은 금성에 대한
정보를 읽고 생각하거나 느낀 점을 게시판에 써 보세요.

ⓔ 똑똑백과사전 　　　　　🔍　　　　　　　사전 소개 | 연표 ☰

금성(Venus)

위치
금성은 태양계 내에서 태양으로부터 두 번째에 위치한 행성으로 태양, 달 다음으로 지구에서 가장 밝게 보입니다.

여러 가지 이름
우리나라에서 금성은 시간에 따라 여러 가지 이름으로 불립니다. '샛별'은 새벽에 동쪽 하늘에서 밝게 반짝인다고 해서 붙인 이름이고, '개밥바라기별'은 개들이 밥을 기다리는 초저녁에 떠오른다고 해서 붙인 이름입니다. 서양에서는 그리스 로마 신화의 여신인 비너스의 이름을 붙이기도 했습니다.

지구와 닮은 행성

▲ 금성과 지구의 모습

금성은 지구와 질량, 크기, 밀도까지 비슷해서 쌍둥이 행성 혹은 형제 행성이라고도 합니다. 하지만 금성의 평균 표면 온도가 460℃에 달하고, 대기의 압력이 지구의 90배가 넘어 생물이 살기 힘든 환경입니다.
일부 과학자들은 금성이 처음에는 지구와 비슷한 환경이었으나 243일이나 걸리는 자전 주기와 대기의 두꺼운 이산화탄소 층으로 온실 효과가 발생해 점점 뜨거운 행성으로 변했을 것이라고 말합니다.

금성 탐사
1960년대 미국과 소련에서 탐사선을 보낸 것을 시작으로 금성에 대한 탐사가 시작되었습니다. 현재는 지구의 기후 온난화에 대한 해답을 찾기 위해 금성 탐사가 이루어지고 있습니다.

▲ 뜨거운 행성, 금성

확인 이 내용이 담긴 디지털 매체는 인터넷 [ㅂ] [ㄱ] [ㅅ] [ㅈ] 이다.

▶ 금성의 다른 이름에 모두 ○표를 하세요.

샛별	비너스	아테네	개밥바라기별

▶ 이 글에서 찾을 수 있는 내용으로 알맞은 것을 골라 ○표를 하세요.

지구와 금성은 크기, 질량, 밀도가 비슷하다.

지구와 금성은 자전 주기와 표면 온도가 비슷하다.

활동 인터넷 백과사전을 보고, 나는 어떤 생각을 했는지 인터넷 게시판에 써 보세요.

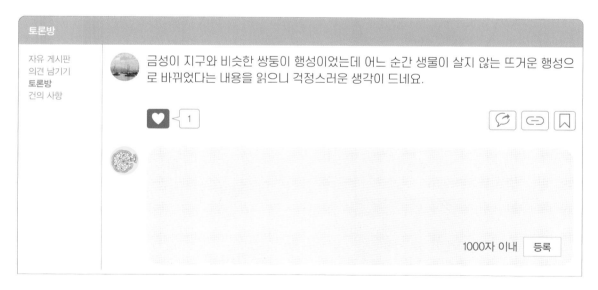

토론방

자유 게시판
의견 남기기
토론방
건의 사항

금성이 지구와 비슷한 쌍둥이 행성이었는데 어느 순간 생물이 살지 않는 뜨거운 행성으로 바뀌었다는 내용을 읽으니 걱정스러운 생각이 드네요.

♥ 1

1000자 이내 등록

금성의 자전과 공전

• 금성의 자전 주기는 243일로 아주 느리고, 공전 주기는 225일이다.
• 금성은 특이하게도 자전이 공전보다 느리고 자전 방향도 다른 행성과 반대여서 해가 서쪽에서 뜨고 동쪽으로 지는 것처럼 보인다.

1 웹툰을 읽고 외국어를 우리말로 바꾸기

사랑해, 우리말

바니 엄마의 표정이 심상치가 않아 보이죠?
엄마에게 무슨 일이 있는 것인지 웹툰을 읽어 보고, 바니와 엄마의 대화 속에 나타난
외국어를 우리말로 바꾸어 써 보세요.

사랑해, 우리말 <인터넷 용어>

> 엄마, 무슨 일 있으세요?

> 오픈 마켓에서 옷을 사려고 홈페이지 들어갔는데 팝업 창이 계속 뜨네. 그냥 매장으로 가야겠다. 바니야, 가자.

> 엄마, 로그아웃은 하고 가셔야죠.

웹툰에서 어떤 외국어를 사용했는지 살펴볼까요?

오픈 마켓
- 뜻: 인터넷에서 판매자와 구매자를 직접 연결해 자유롭게 물건을 사고팔 수 있는 곳.
- 우리말: 열린 시장, 열린 장터

홈페이지
- 뜻: 개인이나 단체가 인터넷(월드와이드웹)에서 볼 수 있게 만든 화면을 부르는 말. 여러 문서로 이루어져 있음.
- 우리말: 누리집

팝업 창
- 뜻: 특정 누리집에 접속했을 때 어떠한 내용을 표시하기 위해 자동으로 열리는 새 창.
- 우리말: 알림 창

로그아웃
- 뜻: 컴퓨터나 인터넷 사이트를 이용할 때 하던 일을 마치고 연결을 끊는 것.
- 우리말: ?

확인 이 내용이 담긴 디지털 매체는 [ㅇ] [ㅌ] 이다.

▶ 웹툰에서 바니 엄마가 사용하고 있는 것은 무엇인지 알맞은 것에 ○표를 하세요.

| 컴퓨터 | 휴대 전화 | 신문 |

▶ 외국어를 우리말로 알맞게 바꾼 것을 선으로 이으세요.

오픈 마켓	·	·	누리집
홈페이지	·	·	알림 창
팝업 창	·	·	열린 시장

활동 바니가 말한 외국어를 우리말로 알맞게 바꾸어 써 보세요.

바꾸기 전

엄마, 로그아웃은 하고 가셔야죠.

바꾼 후

**외국어를 우리말로
순화하기**

'소셜 미디어(Social media)'란 트위터, 페이스북과 같이 소셜 네트워킹 서비스(SNS)에 가입한 이용자들이 서로 정보와 의견을 공유하면서 대인 관계망을 넓힐 수 있는 온라인 매체를 말한다. 이러한 소셜 미디어는 글, 이미지, 오디오, 비디오 등의 다양한 형태를 가진다. 우리말 '누리 소통 매체'로 바꿀 수 있다.

2 온라인 대화를 읽고 토론하기

스마트폰 사용 시간을 정해야 하는가

승재네 반 친구들은 장시간 스마트폰 사용에 대한 해결 방법으로 '스마트폰 사용 시간에 제한을 두는 것'에 대해 반 친구들과 토론해 보기로 하였어요. 나의 생각은 어떠한지 정리하여 써 보세요.

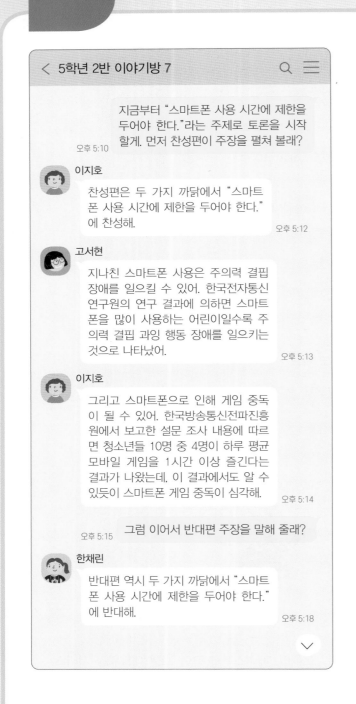

5학년 2반 이야기방 7

지금부터 "스마트폰 사용 시간에 제한을 두어야 한다."라는 주제로 토론을 시작할게. 먼저 찬성편이 주장을 펼쳐 볼래?
오후 5:10

이지호
찬성편은 두 가지 까닭에서 "스마트폰 사용 시간에 제한을 두어야 한다."에 찬성해.
오후 5:12

고서현
지나친 스마트폰 사용은 주의력 결핍 장애를 일으킬 수 있어. 한국전자통신연구원의 연구 결과에 의하면 스마트폰을 많이 사용하는 어린이일수록 주의력 결핍 과잉 행동 장애를 일으키는 것으로 나타났어.
오후 5:13

이지호
그리고 스마트폰으로 인해 게임 중독이 될 수 있어. 한국방송통신전파진흥원에서 보고한 설문 조사 내용에 따르면 청소년들 10명 중 4명이 하루 평균 모바일 게임을 1시간 이상 즐긴다는 결과가 나왔는데, 이 결과에서도 알 수 있듯이 스마트폰 게임 중독이 심각해.
오후 5:14

그럼 이어서 반대편 주장을 말해 줄래?
오후 5:15

한채린
반대편 역시 두 가지 까닭에서 "스마트폰 사용 시간에 제한을 두어야 한다."에 반대해.
오후 5:18

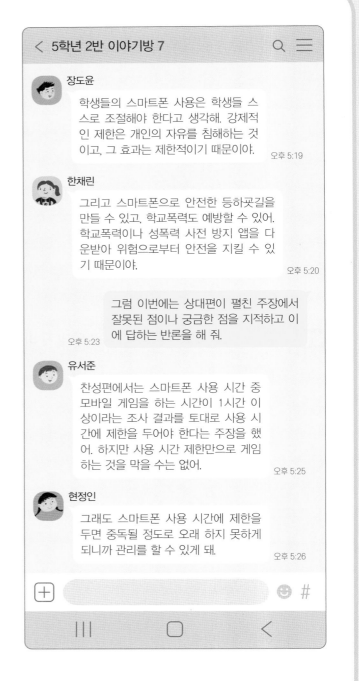

5학년 2반 이야기방 7

장도윤
학생들의 스마트폰 사용은 학생들 스스로 조절해야 한다고 생각해. 강제적인 제한은 개인의 자유를 침해하는 것이고, 그 효과는 제한적이기 때문이야.
오후 5:19

한채린
그리고 스마트폰으로 안전한 등하굣길을 만들 수 있고, 학교폭력도 예방할 수 있어. 학교폭력이나 성폭력 사전 방지 앱을 다운받아 위험으로부터 안전을 지킬 수 있기 때문이야.
오후 5:20

그럼 이번에는 상대편이 펼친 주장에서 잘못된 점이나 궁금한 점을 지적하고 이에 답하는 반론을 해 줘.
오후 5:23

유서준
찬성편에서는 스마트폰 사용 시간 중 모바일 게임을 하는 시간이 1시간 이상이라는 조사 결과를 토대로 사용 시간에 제한을 두어야 한다는 주장을 했어. 하지만 사용 시간 제한만으로 게임하는 것을 막을 수는 없어.
오후 5:25

현정인
그래도 스마트폰 사용 시간에 제한을 두면 중독될 정도로 오래 하지 못하게 되니까 관리를 할 수 있게 돼.
오후 5:26

확인 이 내용이 담긴 디지털 매체는 ⬜ ⬜ ⬜ ⬜ ⬜ ⬜ 이다.
(ㅇ ㄹ ㅇ ㄷ ㅎ ㅂ)

▶ 온라인 대화방의 토론 주제를 골라 ○표를 하세요.

초등학생은 스마트폰 게임을 해서는 안 된다.	

스마트폰 사용 시간에 제한을 두어야 한다.	

▶ 다음에서 찬성편의 주장을 뒷받침하는 근거에는 '찬', 반대편의 주장을 뒷받침하는 근거에는 '반'을 각각 써넣으세요.

지나친 스마트폰 사용은 주의력 결핍 장애를 일으킬 수 있다.	스마트폰으로 인해 게임 중독이 될 수 있다.	
학생들 스스로 조절하는 능력을 키울 수 있다.	안전한 등하굣길을 만들 수 있고, 학교폭력도 예방할 수 있다.	

활동 스마트폰 사용 시간을 제한하는 것에 대한 친구의 생각을 읽고 의견을 써 보세요.

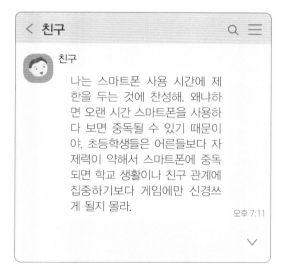

초등학생 스마트폰 게임 중독의 해결 방법은 없을까?

디지털 미디어가 대중화된 시기이므로 스마트폰 게임을 일상에서 완전히 없애기는 힘들다. 그렇기 때문에 스스로의 자제력과 조절 능력을 길러 나가는 과정이 필요하다. 초등학생이라면 자기 조절 능력을 충분히 키울 수 있는 나이이므로, 스스로 규칙을 세우고 행동하는 책임감을 보일 수 있도록 해야 한다.

① 인터넷 누리집을 읽고 여행지 소개하기

역사와 문화가 있는 경주

경주는 신라 천 년의 역사를 담은 도시로, 곳곳에 여러 유적지와 문화재가 있어요. 연아는 경주 여행을 가기 위해서 인터넷으로 경주 여행 지도를 찾아보았어요. 경주 여행 안내 지도의 내용을 바탕으로 경주를 알리는 자료를 만들어 보세요.

확인 이 내용이 담긴 디지털 매체는 인터넷 [ㄴ] [ㄹ] [ㅈ] 이다.

양동마을

마을 전체가 유네스코 세계 유산으로 지정된 민속 마을이에요. 조선 시대 양반의 생활 환경을 잘 간직하고 있어요.

동궁과 월지

신라의 별궁이 있던 자리예요. 궁 안에 연못과 섬이 있어서 경치가 아름다워요. 이곳에서는 귀한 손님을 맞이하거나 귀족들이 연회를 즐겼어요.

경주 첨성대

신라에서 만든 천문대예요. 당시는 농사를 지었기 때문에 날씨가 매우 중요했어요. 첨성대에 올라 하늘을 관찰하면서 계절의 변화를 예측했던 곳이에요.

천마총

신라 때의 고분으로, 하늘로 날아가는 말을 그린 천마도가 발견되어서 천마총이라고 불려요. 천마도와 함께 천마총 금관도 발견되어서 신라의 뛰어난 예술 수준을 알 수 있어요.

불국사

신라 시대에 경주 토함산 기슭에 지은 절이에요. 삼층 석탑과 다보탑, 백운교, 연화교 등 신라 불교 예술의 귀중한 유적이 있고, 유네스코 세계 유산으로 지정되었어요.

석굴암

신라 시대에 만든 세계에서 하나뿐인 인공 석굴 사원이에요. 돌을 이용하여 둥글게 쌓은 연꽃무늬 천장이 매우 아름다워요. 불국사와 함께 유네스코 세계 유산으로 지정되었어요.

신라의 천 년 수도, 경주 | 경주는 약 천 년의 시간 동안 신라의 수도였다. 이렇게 천 년 동안 한 나라의 수도가 바뀌지 않는 경우는 세계적으로도 거의 없다고 한다. 경주는 오랜 시간 동안 한 나라의 중심지였기 때문에 유적지나 유물이 잘 보존되어 있다. 그래서 도시 전체를 박물관에 비유하기도 한다.

▶ 연아가 여행을 가려고 하는 지역은 어디인지 ◯표를 하세요.

| 영주 | 경주 | 전주 |

▶ 여행 계획을 세울 때 꼭 들어가야 할 내용을 모두 골라 ◯표를 하세요.

여행을 갈 장소 [ ]

여행 날짜와 시간 [ ]

여행 장소까지 가는 방법 [ ]

여행을 다녀와서 느낀 점 [ ]

▶ 내가 경주 여행을 간다면 어디를 가 보고 싶은지 모두 골라 ◯표를 하세요.

경주 첨성대	천마총
석굴암	불국사
동궁과 월지	양동마을

활동 1 경주에서 가 보고 싶은 곳을 쓰고, 그곳의 특징을 간단하게 정리해 보세요.

양동마을

- 경주에 있는 민속 마을
- 조선 시대 양반의 생활 환경을 알 수 있음.

활동 2 다음은 경주를 소개하는 SNS 자료입니다. 경주 여행에 대해 조사한 내용을 바탕으로 하여 SNS에 올릴 경주를 소개하는 자료를 만들어 보세요.

tta.s.tty

천년의 도시,
경주를 아시나요?

경주의 볼거리 동궁과 월지

아름다운 야경을 즐겨 보세요.

258 Likes

y.song

0 Likes

2 블로그를 읽고 댓글 쓰기

《어린왕자》 속 인물의 가치관

지후가 지난해에 《어린왕자》를 읽었을 때에는 어린왕자와 여우의 마음만 생각했는데 얼마 전 다시 읽고 난 후에는 어린왕자가 만난 사람들의 가치관에 대해 생각해 보게 되었어요. 과연 나는 어떤 가치관을 갖고 있는지 생각하여 댓글로 써 보세요.

🏠 문학 여행 × 🏠 동화 세상 × | +

← → C   🔖 ☆ 👤 ⋮

내 블로그 | 이웃 블로그 | 블로그 홈 로그인

블로그 🅽 | 메모 | 안부

오후 4시에 네가 온다면
나는 3시부터 행복해지기 시작할 거야.

문학 세계   2000. 10. 09 17:33   URL 복사

문학 세계
(BOOK STORY)

유명하고 인기 많은 도서를
차례대로 도장 깨기 중!

목록
─────────
전체 보기(18)

재미(11)
  ㄴ 흔한 남매 시리즈(3)
  ㄴ 고양이 탐정 리뷰(8)

문학(7)
  ㄴ 홍당무(3)
  ㄴ 조선왕조실록(2)
  ㄴ 어린왕자(2)

《어린왕자》를 처음 읽었을 때에는 여우가 말한 이 아름다운 글귀만 기억에 남았습니다. 다시 읽은 《어린왕자》에서는 어린왕자가 다양한 별들을 방문하면서 만난 이상한 어른들에게 관심이 갔습니다. 마치 현실의 어른들 세계를 보여 주는 것 같았거든요.

왕의 별에서 만난 왕은 아무도 없는 작은 별에서 왕 자리를 지키는, 뽐내고 싶은 욕심을 가진 인물입니다. 겉으로만 번드르르하게 보이려는 어른들의 모습과 닮았습니다.

허영쟁이 별에서 만난 어른은 혼자 사는 별에서 자신을 인정해 주고 박수만을 바라는 인물입니다. 남의 인정과 칭찬으로 살아가는 어른의 모습과 닮았습니다.

술꾼의 별에서 만난 어른은 자신의 슬픔과 부끄러움을 잊기 위해 술을 마시는 인물입니다. 힘든 현실을 받아들이기 어려워 술의 힘으로 잊으려는 어른의 모습과 닮았습니다.

비즈니스 별에서 만난 어른은 모든 것을 숫자로 생각하고 쉴 틈 없이 별을 세고 또 세면서 별을 갖는 이유도 모른 채 그 일이 중요하다고 믿는 인물입니다. 그냥 돈을 버는 일 자체가 중요한 일이 되어 버린 어른의 모습과 닮았습니다.

가로등을 켜는 사람의 별에서 만난 어른은 명령에 따라 매일 가로등을 켜고 끄느라 쉬지 못하는 인물입니다. 시키는 것은 무조건 해야 한다는 어른의 모습과 닮았습니다.

지리학자의 별에서 만난 어른은 경험해 보지 않고 책상에 앉아서 연구만 하는 학자입니다. 직접 해 보지도 않고 말만 앞세우는 어른의 모습과 닮았습니다.

그리고 일곱 번째로 도착한 **지구별**에서 어린왕자는 여우와 뱀, 조종사를 만납니다. 그리고 어린왕자는 이렇게 얘기합니다.

"모든 사람은 자기 별을 가지고 있어요. 그리고 별은 사람에 따라 달라져요."
어린왕자가 만난 여러 사람들은 각자의 가치관으로 자신의 별을 지키고 있었습니다. 책을 다 읽고 문득 나는 나의 별을 어떻게 가꾸어 가고 있는지 생각해 보게 되었습니다.

확인 이 내용이 담긴 디지털 매체는 ㅂ ㄹ ㄱ 이다.

▶ 지후가 《어린왕자》를 읽으면서 생각한 것은 무엇인지 ○표를 하세요.

나는 어떠한 가치관을 가지고 있는가?	

| 나의 모습이 다른 사람에게 어떻게 보이고 있는가? | |

▶ 어린왕자가 만나지 <u>않은</u> 인물은 누구인지 기호를 쓰세요.

> ㉮ 뽐내고 싶은 욕심을 가진 인물
> ㉯ 모든 것을 숫자로 생각하는 인물
> ㉰ 게을러서 아무것도 하지 않는 인물
> ㉱ 명령에 따라 일만 하느라 쉬지 못하는 인물
> ㉲ 경험해 보지 않고 책상에만 앉아서 연구만 하는 인물

활동 이 글의 마지막 부분을 다시 읽고 나는 어떤 가치관을 갖고 있는지, 또는 어떤 가치관을 갖고 싶은지 생각하여 댓글을 써 보세요.

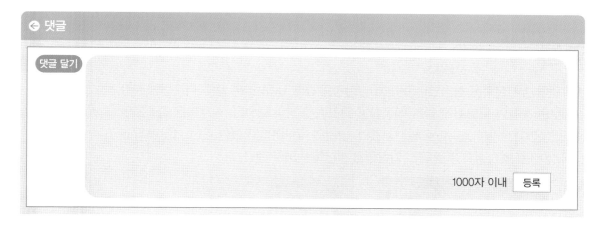

가치관에 대하여
알아보기

- 가치관이란 옳은 것, 해야 할 것 또는 하지 말아야 할 것 등에 관한 일반적인 생각을 말한다.
- 사람마다 생각하는 가치관은 다양하다.
- 건강한 가치관을 가지기 위해서는 좋은 습관, 좋은 생각 등이 도움된다.

① 인터넷 백과사전을 읽고 공통점과 차이점 정리하기

김홍도와 신윤복

풍속화를 그린 조선 시대 화가 김홍도와 신윤복에 대해 알아보았어요.
인터넷 백과사전에서 두 사람의 일생과 작품을 살펴보고, 공통점과 차이점을 정리해
보세요.

ⓔ 똑똑백과사전 　　　　🔍 　　　　사전 소개 | 연표 ☰

김홍도 　서민들의 모습을 그린 화가

1745년에 태어난 김홍도는 스승 강세황의 추천으로 조선 시대에 그림에 관한 일을 맡아 보던 관청인 도화서에 들어가 그림을 그리는 화원이 되었다. 그의 그림은 간결하면서도 힘차며 개성 있는 표현 방법으로 산수화, 인물화, 동물화, 풍속화 등을 그렸다. 영조와 정조의 초상화를 그렸으며, 정조로부터 최고의 화가라는 칭찬을 받았다.

주요 작품

▲ 씨름　　　　　　▲ 서당　　　　　　▲ 타작

ⓔ 똑똑백과사전 　　　　🔍 　　　　사전 소개 | 연표 ☰

신윤복 　서민들의 모습을 그린 화가

1758년에 태어난 신윤복은 화가였던 아버지 신한평의 대를 이어 조선 시대에 그림에 관한 일을 맡아 보던 관청인 도화서에 들어가 그림을 그리는 화원이 되었다. 신윤복은 김홍도의 영향을 받았지만 자신만의 풍속화로 발전시켰다. 남녀의 구분이 엄격했던 조선 시대의 유교적 분위기에 반대되는 여성을 주로 그려 사람들의 비난을 받기도 했다.

주요 작품

▲ 단오풍정　　　　　　▲ 쌍검대무　　　　　　미인도 ▶

확인 이 내용이 담긴 디지털 매체는 인터넷 [ㅂ][ㄱ][ㅅ][ㅈ]이다.

▶ 인터넷 백과사전에서 어떤 화가에 대한 정보를 찾은 것인지 모두 ○표를 하세요.

| 김홍도 | 신윤복 | 김득신 |

▶ 다음은 누구에 대한 설명인지 쓰세요.

> • 조선 시대의 화가이다.
> • 스승 강세황의 추천으로 도화서의 화원이 되었다.
> • 간결하면서도 힘차며 개성 있는 표현 방법으로 그림을 그렸다.
> • 주요 작품으로 〈서당〉, 〈씨름〉, 〈타작〉 등이 있다.

활동 인터넷 백과사전에서 찾은 정보를 바탕으로 두 화가의 공통점과 차이점을 한 가지씩 더 써 보세요.

공통점	차이점
• 조선 시대에 서민들의 모습을 그린 풍속화가이다. •	• 김홍도는 스승의 추천으로, 신윤복은 아버지 신한평의 대를 잇기 위해 도화서 화원이 되었다. • 김홍도는 서민들의 생활을 많이 그렸지만, 신윤복은 여성을 주로 그렸다. •

풍속화에 대하여 알아보기

• 서민들의 생활 모습을 그린 그림이다.
• 옛날 사람들이 어떤 옷차림을 하였는지 연구할 수 있는 소중한 자료이다.
• 서민 문화가 발달한 조선 후기에 크게 발전했다.
• 김홍도, 신윤복, 김득신은 조선 시대를 대표하는 풍속화가이다.

② 인터넷 뉴스를 읽고 온라인 대화방에 글 쓰기

미세먼지 '나쁨'

미세먼지가 전국 곳곳에 계속되고 있어요. 인터넷 뉴스의 '날씨'에서는 오늘과 같이 미세먼지 농도가 높을 때 주의할 점에 대해 알려 주었어요. 인터넷 뉴스의 일기예보를 읽고 온라인 대화방에서 친구의 물음에 대한 답글을 써 보세요.

NEWS | HOT뉴스 | 정치 | 스포츠 | TV 연예 | **날씨**

전국 곳곳에 미세먼지 '나쁨'

최보람 기자

입력 20○○-11-20

오늘도 전국 곳곳에서 미세먼지가 계속 이어질 전망이다.

서울, 경기도, 대전, 충청도, 광주, 전라도 지역의 미세먼지 농도는 오전에는 '나쁨'이었다가 오후에 비나 눈이 내리면서 대부분 지역에서 '보통' 수준을 회복할 것으로 보인다. 그 밖의 지역은 하루 종일 '보통'으로 예상된다. 오늘 낮 최고 기온은 평년보다 1~2도가 높겠고, 전국이 대체로 맑은 가운데 강원도와 경상도 지역은 아침까지 흐리고 비나 눈이 내리는 지역이 있겠다. 특히 강원도 일부 지역에서는 폭설이 내릴 예정이다.

기상청 관계자는 "이 지역은 어제(19일) 밤부터 많은 눈이 내려 도로가 미끄러운 곳이 많겠으니 출근길 교통안전에 신경써야 한다."고 말했다. 예상 강수량은 강원도 5~10mm, 경상도 5mm이다.

아침 최저 기온은 0~2도로 평년보다 낮고, 낮 최고 기온은 5~10도로 평년보다 높겠으나 중부 지방을 중심으로 낮과 밤의 기온차가 10도 이상으로 크겠다. 미세먼지 농도의 '나쁨'이 7일 동안 이어지고 있으므로 외출하는 것을 줄이거나 외출할 때에는 반드시 미세먼지 차단 마스크를 쓰는 등 건강에 주의해야 한다.

내일(21일)은 서울과 경기도 지역을 제외한 전국 대부분의 지역에서 7일 만에 맑은 하늘을 볼 수 있을 것으로 예상된다.

확인 이 내용이 담긴 디지털 매체는 인터넷 [ㄴ] [ㅅ] 이다.

▶ 인터넷 뉴스를 읽고 알 수 있는 내용에 ○표를 하세요.

> 요즘 전국에 (장마 , 미세먼지)가 7일째 계속 이어지고 있다.

▶ 인터넷 뉴스의 특징을 모두 골라 ○표를 하세요.

종이 신문과 다르게 기사의 길이가 자유롭다.	
많은 사람들에게 정보를 빠르게 전달할 수 있다.	
컴퓨터나 스마트폰 없이도 언제 어디서나 볼 수 있다.	

활동 인터넷 뉴스에서 본 '날씨'의 내용을 바탕으로 하여 친구의 질문에 대한 답글을 써 보세요.

인터넷 뉴스의 특징	• 기사의 길이가 자유롭다.
	• 많은 사람들에게 정보를 빠르게 전달할 수 있다.
	• 내용과 관련이 있는 영상이 함께 제공되기도 한다.
	• 컴퓨터나 스마트폰과 같은 기기가 있어야 볼 수 있다.

1 텔레비전 공익 광고를 읽고 안내문 완성하기

반려동물 예절

여러분에게도 반려동물이 있나요?

우리나라에는 반려동물을 키우는 사람들이 부쩍 많아졌어요. 반려동물의 예절인 펫티켓에는 무엇이 있는지 생각하며 텔레비전 공익 광고를 읽고 안내문을 써 보세요.

엄마와 산책을 나갔는데
우리를 향해 달려오는 무서운 것을 보았어요.

• **펫티켓**이란 반려동물과 에티켓(예절)을 합친 말로, 반려동물과 함께할 때 지켜야 할 예의를 말해요.

반려동물과 외출할 때는 목줄을 해야 하는
펫티켓, 잊지 마세요

확인 이 내용이 담긴 디지털 매체는 텔레비전 ⬜⬜ 광고이다.

▶ 광고의 내용으로 알맞은 것에 ○표를 하세요.

| 반려동물 예절을 주제로 하는 공익 광고이다. | |
| 스마트폰 예절을 주제로 하는 공익 광고이다. | |

활동 1 광고를 보고 안내문을 쓰려고 합니다. 어떤 내용을 쓰면 좋을지 정리해 보세요.

누구에게	안내할 내용
반려동물 예절을 지키지 않는 사람들	

활동 2 정리한 내용을 바탕으로 하여 아파트 게시판에 붙일 안내문을 완성해 보세요.

> ### 반려동물을 키우는 분들께 펫티켓을 알려드립니다
>
> 첫째, 산책할 때에는 꼭 목줄을 사용해 주세요. 이때 자동줄은 고정시켜 주셔야 해요.
> 둘째, 공격성을 보이는 반려견은 입마개를 꼭 착용해 주세요.
> 셋째,
>
> 감사합니다.

강아지를 위한 펫티켓
- 자극적인 행동을 자제한다.
- 아무 음식이나 주지 않는다.
- 노란 리본은 반려동물에게 다가오지 말아 달라는 것을 의미한다.

2 카드 뉴스를 읽고 게시판에 댓글 쓰기

레밍 효과

유리는 오랜만에 사촌 언니 블로그를 방문했다가 '레밍 효과'라는 낯선 표현을 보고 궁금한 마음에 인터넷 카드 뉴스를 찾아보았어요. 유리가 사촌 언니의 블로그 게시판에 남긴 질문에 대한 답글을 써 보세요.

1

레밍이라는 들쥐

왜 뛰어내리는지도 모른 채 절벽에서 단체로 뛰어내리는 동물이 있다. 바로 레밍이라는 들쥐이다. 북극과 가까운 추운 지역에서 사는 레밍은 겉보기엔 작은 몸집에 부드러운 털이 난 보통 쥐들과 비슷하다.

2

무작정 따라서 뛰어내리는 행동

레밍은 집단으로 이동하는 습성이 있다. 특히 노르웨이 레밍은 앞서가는 레밍을 무작정 따라가다가 단체로 절벽 아래로 떨어져 바다에 빠져 죽기도 한다. 이렇게 레밍이 집단 행동을 하는 이유는 아직 정확히 밝혀지지 않았다.

3

레밍 효과!

무조건 맨 앞 사람을 따라 행동하는 것을 레밍의 습성에 빗대어 '레밍 효과'라고 한다. 우리 주변에서도 이런 집단 현상을 종종 볼 수 있다. 유튜버나 파워 블로거 같은 특정 유명인이 소개하면 무조건 믿는 것 등이다.

4

무작정 따라 한다면?

옳고 그른지에 대한 판단 없이 사회적인 영향력이 있다는 이유로 앞 사람을 무작정 따라 하면 우리 사회는 어떻게 될까?

확인 이 내용이 담긴 디지털 매체는 ㅋ ㄷ ㄴ ㅅ 이다.

▶ 어떤 사회 현상에 대한 내용인지 알맞은 것에 ◯표를 하세요.

| 레밍 효과 | 나비 효과 | 위약 효과 |

▶ 카드 뉴스의 내용으로 알맞지 <u>않은</u> 것의 기호를 쓰세요.

> ㉮ 레밍은 다람쥐의 한 종류이다.
> ㉯ 레밍은 집단으로 이동하는 습성이 있다.
> ㉰ 노르웨이 레밍은 이동하는 중에 앞서가는 레밍이 절벽 아래로 떨어지면 무작정 함께 떨어진다.
> ㉱ 레밍 효과란 무조건 선두를 따라 행동하는 것을 말한다.

활동 다음은 유리가 사촌 언니 블로그의 게시판에 남긴 내용입니다. 유리가 남긴 질문에 대하여 답글을 써 보세요.

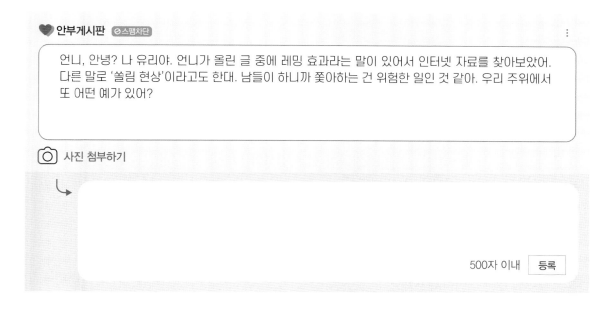

💙 **안부게시판** ⊘스팸차단

언니, 안녕? 나 유리야. 언니가 올린 글 중에 레밍 효과라는 말이 있어서 인터넷 자료를 찾아보았어. 다른 말로 '쏠림 현상'이라고도 한대. 남들이 하니까 쫓아하는 건 위험한 일인 것 같아. 우리 주위에서 또 어떤 예가 있어?

📷 사진 첨부하기

↳

500자 이내 등록

카드 뉴스에 대하여 알아보기
- 전달하고자 하는 정보를 짧은 글과 사진, 그림으로 구성하여 표현한다.
- 시각적인 효과와 함께 핵심 내용을 전달하는 것이 중요하다.
- 차례대로 넘겨볼 수 있어 모바일 및 소셜 네트워크 서비스 환경에서 일반 뉴스보다 읽기 쉽고 전파력이 높다.

확인 문제 »

1 온라인 대화를 할 때 지환이가 고쳐야 할 점은 무엇인지 ○표를 하세요.

> 이모: 지환아, 팽이 대회 본선 진출은 한 거야?
> 지환: ㄴㄴ! 본선까지는 못 가서 엄빠가 아쉬워하셨어요.

(1) 주제와 관련 있는 말을 해야 한다. ( )
(2) 줄임말 대신 올바른 우리말을 사용해야 한다. ( )

2 다음은 어디에서 찾은 자료인가요? ( )

① 블로그 　　　　② 인터넷 뉴스 　　　　③ 온라인 대화방
④ 인터넷 게시판 　　　⑤ 인터넷 백과사전

3 다음 밑줄 그은 외국어를 우리말로 순화시킨 말은 무엇인지 쓰세요.

> 소셜 네트워킹 서비스에 가입한 이용자들이 서로 정보와 의견을 공유하면서 대인 관계망을 넓힐 수 있는 온라인 매체를 '소셜 미디어(social media)'라고 말한다.

( )

4 다음은 무엇에 대한 설명인지 쓰세요.

> • 서민들의 생활 모습을 그린 그림이다.
> • 옛날 사람들이 어떤 옷차림을 하였는지 연구할 수 있는 소중한 자료이다.
> • 서민 문화가 발달한 조선 후기에 크게 발전했다.

( )

5 다음은 무엇에 대한 설명인가요? (   )

> 옳은 것, 해야 할 것 또는 하지 말아야 할 것 등에 관한 일반적인 생각을 말하는 것으로 사람마다 다양하다.

① 목표   ② 성공   ③ 가치관   ④ 약속   ⑤ 생활

6 다음은 어떤 매체에 대한 설명인지 알맞은 말에 ○표를 하세요.

> 인터넷 (뉴스 , 백과사전)은/는 많은 사람에게 빠르게 정보를 전달할 수 있고 기사의 길이가 자유로우며, 영상을 함께 제공할 수 있는 매체이다.

7 다음 매체에 대한 설명으로 알맞은 것을 두 가지 고르세요. (,   )

① 신문에 실린 광고이다.
② 영상으로 만들어진 것이다.
③ 사진과 글로 구성된 읽을거리이다.
④ 실리는 내용이 너무 길어질 수 있다.
⑤ 일반 뉴스에 비해 읽기가 쉽고 전파력도 높다.

스마트폰 없는 날

끊임없이 울리는 딩동

딩동, 딩동, 딩동, 딩동, ……

나영이의 스마트폰이 계속 울렸어요. 스마트폰 사용을 금지하는 학교나 학원이 아닌 경우에는 나영이의 손에는 늘 스마트폰이 들려 있었어요.

나영이는 학원 수업이 끝나고 스마트폰을 되찾았어요. 그 사이 수백 개의 메시지가 쌓여 있었지요. 엘리베이터를 타고 내려가면서 채팅방에 들어간 나영이는 메시지를 읽으면서 킥킥거렸어요.

"은나영! 뭐가 그리 좋니? 내내 킥킥거리고."

"어? 선생님!"

학원 수학 선생님이 엘리베이터에 같이 타고 있었다는 걸 몰랐던 나영이는 화들짝 놀랐어요.

"하하, 비밀이에요!"

나영이는 스마트폰의 채팅방을 닫으면서 말했어요.

"그래, 좋을 때다~. 그런데 걸어 다니면서는 스마트폰 하지 마라. 지난번에도 사고 날 뻔했잖니?"

나영이의 얼굴이 조금 굳어졌어요. 그때의 일이 떠올랐던 거예요. 지난번에도 거의 비슷한 상황이었지요. 학원 수업이 끝나고 스마트폰 채팅방을 열어 보니 수백 개의 메시지가 쌓여 있었고, 그걸 읽으며 걷다가 자칫하면 차 사고가 날 뻔했거든요. 그때 만약 수학 선생님이 나영이를 잡아 주지 않으셨다면! 정말 아찔한 순간이었지요. 그러고도 이 나쁜 버릇은 고쳐지지 않았어요. 여러 친구들의 채팅방이 10개나 되다 보니 차곡차곡 쌓이는 블록들처럼, 알알이 쌓이는 메시지는 잠깐 사이에도 훌쩍 백여 개를 넘곤 했어요. 그걸 일일이 확인하지 않고는 궁금해서 못 참았던 거예요. 뒤늦게라도 대화에 참여하려면 그동안 쌓인 메시지들을 부랴부랴 서둘러 읽을 수밖에 없었어요.

나영이는 학원 차 안에서 속독하듯이 주욱죽 대화를 읽어 내려갔어요. 그러고는 마치 손에 모터를 달아 놓은 것처럼 정신없이 메시지를 썼어요.

"야, 너 진짜 빠르다!"

혜진이 목소리였어요. 학원 차를 타면서도 눈은 스마트폰만 보고 있었던 탓에, 옆자리에 혜진이가 앉은 줄도 몰랐지요.

"넌 정말 중독이야, 은나영! 스마트폰 중독!"

혜진이는 나영이의 불룩 나온 이마를 손가락으로 톡톡 건드리며 말했어요.

"쳇, 그런 너는?"

"너처럼 손가락 달인은 못 되지. 너, 도대체 채팅방이 몇 개야?"

"아, 아마 열 개?"

나영이의 말에 혜진이가 "헉!" 소리를 냈어요.

"대박! 하루에 수천 개의 메시지를 읽으려면 눈에도 모터 달아야겠다!"

"이것도 아무나 하는 거 아니다. 나 같은 인기인이나 누리는 거지."

나영이는 다시 스마트폰 세상에 빠졌어요. 나영이는 학원 버스에서 내려 아파트 단지로 들어가면서도 채팅방에 열중해 있었어요.

"은나영! 앞을 보고!"

학원 버스 기사님이 소리치셨어요. 그때 바로 나영이의 앞으로 '쌩'하며 자동차 한 대가 지나쳤어요. 하마터면 사고가 날 뻔했지요.

저녁을 먹으면서도 손은 젓가락질보다 스마트폰에 더 많이 가 있었어요.

"그거 그만 보고 얼른 밥 먹어!"

엄마가 소리쳤어요. 나영이는 엄마 말씀을 들은 체 만 체하며 채팅방에 열중했어요. 오늘따라 웃긴 얘기가 얼마나 많고, 새로 벌어진 일들이 얼마나 많은지……. 단 하나도 놓칠 수 없었지요. 그 순간, 손안의 스마트폰이 없어졌어요.

한 시간째 밥을 깨작거리는 나영이를 보다 못한 엄마가 특단의 조치를 내린 거였어요.

"어, 엄마! 제 스마트폰 주세요!"

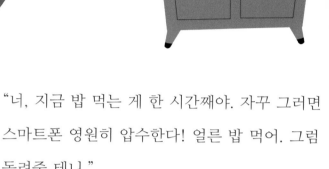

"너, 지금 밥 먹는 게 한 시간째야. 자꾸 그러면 스마트폰 영원히 압수한다! 얼른 밥 먹어. 그럼 돌려줄 테니."

나영이는 입이 부루퉁했어요. 빨리 식사를 마치려고 국에 밥을 말아서 마시는 것처럼 속도를 냈지요. 불과 몇 분 만에 저녁 식사를 모두 끝냈어요.

"엄마, 밥 다 먹었으니까 제 스마트폰 주세요!"

나영이는 스마트폰을 돌려받기 위해 손을 내밀었어요.

"세수하고 양치하고 숙제 끝낼 때까지는 어림없다!"

"엄마! 밥 다 먹으면 돌려주시기로 했잖아요!"

나영이는 화가 치밀어 올라 거센 목소리로 말했어요. 나영이의 버릇없는 태도에 엄마 눈꼬리가 한껏 천장을 향해 올라갔어요.

"네가 행동을 똑바로 했으면 엄마가 그러겠니? 도대체 밥 먹는 내내 메시지가 울리고, 밥 먹는 것도 한 시간이나 걸리고, 숙제도 다 안 해 놓고, 스마트폰만 잡고 킬킬거리는 게 잘했단 거야?"

듣고 보니 나영이도 잘한 건 없었지만 엄마도 너무했다는 생각이 들었어요. 결국 나영이는 한숨을 쉬며 욕실로 들어갔어요.

이어지는 내용은 66쪽에 >>>

나영이는 손을 번쩍 든 준영이를 째려보았어요.

나영이도 참가하고 싶었지만,

평소 잘난 체가 심한 준영이가 못마땅했거든요.

또 다른 지원자는 나오지 않았어요.

교실 안에 침묵이 흘렀어요.

– 가치 동화 〈스마트폰 없는 날〉 중에서 –

2 주차

1 인터넷 게시판을 읽고 댓글 쓰기

한 줄 제안

마을 누리집에 공지가 올라왔어요. 생활하면서 느꼈던 불편 사항 해소를 위해 제안할 점을 댓글로 쓰는 거예요. 마을 사람들이 쓴 댓글을 읽어 보고, 내가 한 줄 제안을 한다면 어떤 내용으로 할지 써 보세요.

자유 게시판

🏠 참여 소통 > 열린 게시판 > **자유 게시판**　　　　　　　 인쇄

모두가 살기 좋은 마을을 위한
개선 사항 제안하기
20○○. 11. 01 ~ 11. 30

작성자: 관리자　　　　　　　　　　　　　　　　　20○○-11-01 16:33 | 조회 127

안녕하십니까?
모두가 살기 좋은 마을을 만들기 위해 오늘도 노력하는 마을협의회 회장입니다. 이번 달 행사로 우리 마을을 위한 특별한 댓글 제안을 받아 보고자 이렇게 인사드립니다. 더욱 살기 좋은 우리 마을이 될 수 있도록 개선되었으면 하는 부분들이 있다면 여러 가지 제안을 댓글로 남겨 주십시오. 마을 사람들의 공감을 많이 얻은 제안들은 마을 사업 진행 시 우선적으로 시작하도록 하겠습니다.
나와 내 가족이 이웃과 함께 행복할 수 있는 마을을 만들기 위해 주민 여러분의 많은 참여 부탁드립니다.

♥ 공감 17 | ∨　　💬 댓글 3 | ∧

↳ **정선우** 산책로에 꺼져 있는 가로등이 종종 있습니다. 밤길 안전을 위해 가로등을 좀 더 자주 점검해 주셨으면 좋겠습니다.

↳ **이재석** 버스를 타기 위해 정류장 앞 도로를 무단 횡단하는 사람들이 있습니다. 안전을 위해 정류장 앞 도로에 중앙 분리대를 설치하면 좋겠습니다.

↳ **김현정** 산책로에 강아지 배변 봉투를 그냥 버리는 사람들이 있습니다. 배변 봉투는 각자의 집으로 가져가 버렸으면 좋겠습니다.

 이 내용이 담긴 디지털 매체는 인터넷 ㄱ ㅅ ㅍ 이다.

▶ 댓글로 제안해야 할 내용으로 알맞은 것에 ○표를 하세요.

마을을 위해 개선할 점	
어려운 이웃을 도울 수 있는 방법	
마을의 도서관을 늘릴 수 있는 방법	

▶ 인터넷 게시판에 제안하는 글을 쓸 때 주의할 점에 대해 알맞게 말한 친구의 이름을 쓰세요.

세훈: 이름을 밝히지 않고 제안해야 해.
태술: 가능하면 제안하는 내용이 드러나지 않도록 써야 해.
선우: 상황에 맞게 실천 가능성이 있는 것을 제안해야 해.

활동 인터넷 게시판에 쓴 마을 사람들의 댓글을 참고하여 한 줄 제안을 댓글로 써 보세요.

← 댓글

댓글 달기

1000자 이내 등록

제안하는 글을 쓸 때 주의할 점
· 우리 주변에 있는 문제 상황을 생각해 본다.
· 제안 사항이 분명하게 드러나도록 쓴다.
· 상황에 맞게 실천 가능성이 있는 방법을 제안한다.
· '~하면 어떨까요?', '~하면 좋겠습니다.' 등의 표현을 써서 제안한다.

② 웹툰과 블로그를 읽고 광고 만들기

안동 국제 탈춤 페스티벌

영준이네 가족은 고장에서 열리는 안동 국제 탈춤 페스티벌에 다녀왔어요. 영준이와 부모님은 각각 운영하는 SNS에 축제에 다녀온 이야기를 올렸어요. 정보를 바탕으로 하여 축제를 알리는 홍보 포스터를 만들어 보세요.

시민과 관광객, 외국 공연팀이 모두 하나 되어 즐기는 무대

확인 이 내용이 담긴 디지털 매체는 [웹][툰]과 블로그이다.

🏠 안동 사랑방 ✕ | 🏠 문화 세상 ✕ | +

내 블로그 | 이웃 블로그 | 블로그 홈 [로그인]

블로그

메모 | 안부

안동 국제 탈춤 페스티벌을 소개해요

👤 주니아빠 20○○. 09. 28. 19:25

내 블로그 | 이웃 블로그

주니아빠

여행과 취미로 소소한 행복을 찾는 두 아이의 아빠입니다.

[+이웃 추가] [💬채팅]

목록

⁝⁝⁝⁝⁝⁝⁝⁝⁝⁝⁝⁝⁝⁝⁝

전체 보기(117)

⁝⁝⁝⁝⁝⁝⁝⁝⁝⁝⁝⁝⁝⁝⁝

여행(39)

맛집(22)

축제(21)

음악(35)

안동은 유교 문화의 고장이자 탈춤의 고장입니다. 낙동강이 마을 주변을 휘돌아 가는 하회마을은 2010년에 유네스코 세계 유산에 등재되었지요.
이번에 우리 가족은 안동 국제 탈춤 페스티벌에 다녀왔어요.

여러 가지 볼거리가 가득한 **안동 국제 탈춤 페스티벌**

안동 하회마을에는 800여 년 전부터 하회 별신굿 탈놀이가 전해 오고 있습니다. 별신굿은 원래 5년이나 10년마다 마을의 안녕과 풍년을 기원하는 큰 마을 굿인데 이때 탈놀이가 행해졌지요. 탈놀이에 사용되는 각시탈, 양반탈, 선비탈, 할미탈 등은 개성이 잘 표현되어 있고, 조형미가 뛰어나며, 예술적 가치도 높아 국보로 지정되었습니다.

안동은 이런 문화적 배경을 바탕으로 1997년부터 탈과 탈춤을 주제로 안동 국제 탈춤 페스티벌을 열고 있어요. 축제에는 우리나라뿐만 아니라 러시아, 일본, 필리핀, 말레이시아, 이스라엘 등 외국 공연단이 함께 참여해 세계적인 축제의 모습을 보여 준답니다.
탈춤은 원래 백성들의 생각과 감정을 드러내고, 놀이꾼과 구경꾼이 함께 어울리는 놀이입니다. 축제에서도 시민과 관객, 외국 공연단이 모두 어울리는 '탈놀이 대동 난장 퍼레이드' 프로그램을 통해 함께 즐기는 무대를 경험할 수 있을 뿐 아니라 다양한 마당극과 창작극도 볼 수 있습니다.
즐거움과 흥이 가득한 안동 국제 탈춤 페스티벌을 놓치지 마세요.

#탈 #탈춤 #탈놀이 #지역축제 #페스티벌 #안동하회마을

탈춤(탈놀이)에 대해 알아보기

- 얼굴에 탈(가면)을 쓰고 춤추며 말과 노래로 엮는 연극의 한 종류로, 탈춤 상황에 구경꾼을 참여시키기도 한다.
- 지역에 따라 북청 사자놀음, 봉산 탈춤, 송파 산대놀이, 안동 하회 별신굿 탈놀이 등이 전해 온다.

▶ 영준이네 가족이 다녀온 지역 축제는 어느 것인지 ◯표를 하세요.

베네치아 가면 축제   안동 국제 탈춤 페스티벌   춘천 마임 축제

▶ 국제 탈춤 페스티벌이 열리는 지역은 어디인지 지도에서 찾아 ◯표를 하세요.

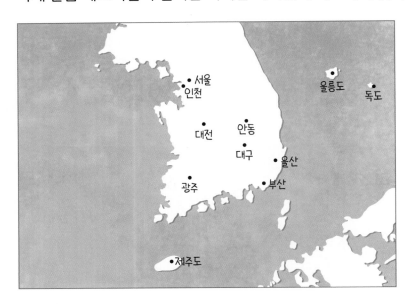

▶ 탈춤에 대한 설명으로 잘못된 것을 골라 ◯표를 하세요.

얼굴에 탈을 쓰고 춤을 추며 말과 노래로 엮는 연극의 한 종류이다.	
지역에 따라 봉산 탈춤, 안동 하회 별신굿 탈놀이 등이 전해 온다.	
구경꾼이 함께 어울리기보다 놀이꾼의 공연이 끝날 때까지 조용히 관람하는 것이 공연 예절이다.	

2
주차

 활동 1 블로그를 보고 안동과 안동 국제 탈춤 페스티벌에 대해 정리해 보세요.

> 낙동강이 마을 주변을 휘돌아 가는 (   )은/는 2010년에 유네스코 세계 유산에 등재되었다.

> 안동 하회마을에는 800여 년 전부터 (   )이/가 전해 오고 있다.

> 안동시는 1997년부터 (   )와/과 (   )을/를 테마로 안동 국제 탈춤 페스티벌을 열고 있다.

> 탈춤은 놀이꾼과 (   )이/가 함께 어울리는 놀이이다.

활동 2 지금까지 살펴본 축제 정보를 바탕으로 SNS에 올릴 안동 국제 탈춤 페스티벌 광고를 만들어 보세요.

1 뉴스 방송 대본을 읽고 실천 방안 쓰기

지구 1도씨

우리가 살고 있는 지구의 온도가 점점 오르고 있어요. 지구 1도씨(1℃)는 인류의 생존이 달려 있는 문제예요. 텔레비전 뉴스에서 지구 기후 변화로 인해 발생될 일들을 살펴보고, 지구 온도를 낮출 수 있는 실천 방안을 학급 게시판에 써 보세요.

해마다 여름에는 더 더워지고 겨울에는 더 추워지고 있습니다. 그 원인은 바로 지구의 평균 온도 상승에 있다고 합니다. 이상승 기자가 취재했습니다.

지구 온도 상승…이대로 괜찮은가?

이상승 기자: 지구의 온도는 지난 200년간 약 1도씨 상승했습니다. 현재 지구의 평균 온도는 약 15도씨입니다. 지구의 온도가 1도씨 더 상승한다면 지구의 미래는 어떻게 될까요? 전문가의 의견을 들어 보겠습니다.

전문가: 지구의 온도는 태양에서 받는 복사 에너지만큼 지구 복사 에너지를 우주로 내보내 유지하는 온도입니다. 복사 에너지란, 물체에서 직접 전달되는 에너지를 말합니다. 지구의 온도가 일정 수준으로 유지될 수 있었던 것은 인류가 배출한 이산화탄소를 식물과 바다가 흡수하고, 빙하는 태양 빛을 반사했기 때문입니다. 그런데 지구의 온도 상승으로 빙하가 줄게 되면서 해수면의 온도가 점점 상승하는 결과를 낳게 되었습니다. 높아진 수온은 강력한 태풍, 집중 호우, 홍수 등을 일으키고 있을 뿐만 아니라 아프리카 지역은 가뭄, 사막화 등으로 고통을 겪고 있습니다. 빙하가 녹으면서 해수면이 상승해 작은 섬을 물에 잠기게도 합니다. 만약 지구의 온도가 1도씨 더 오른다면 지구의 미래는 불투명해질 수밖에 없습니다.

이상승 기자: 과학자들은 2033년이 되면 지구 평균 온도가 1.5도씨 상승할 것이라고 발표했습니다. 이는 애초에 2050년으로 예상했던 것보다 17년이나 앞당겨진 것입니다. 지구 온도 상승으로 인한 지구 온난화가 가져올 어두운 미래를 맞닥뜨리지 않기 위해서 우리가 할 일을 생각해 봐야 할 때입니다. 지금까지 ETS 이상승 기자였습니다.

확인 이 내용이 담긴 디지털 매체는 텔레비전 ㄴ ㅅ 이다.

▶ 빈칸에 공통으로 들어갈 알맞은 말을 써넣으세요.

> 지구의 온도는 태양에서 받는 (　　　　　) 에너지만큼 지구 (　　　　　)
> 에너지를 우주로 내보내 유지하는 온도이다.

▶ 텔레비전 뉴스를 통해 알 수 있는 내용으로 알맞은 것에 ○표를 하세요.

> 지구의 평균 온도는 200년 전과 같다.
> □

> 태풍, 집중 호우, 가뭄, 사막화 등은 지구 온도 상승과 관련 있다.
> □

활동 학급 게시판에 지구의 온도를 1도씨 낮추기 위해 우리가 할 수 있는 환경 지킴 실천 방안을 써 보세요.

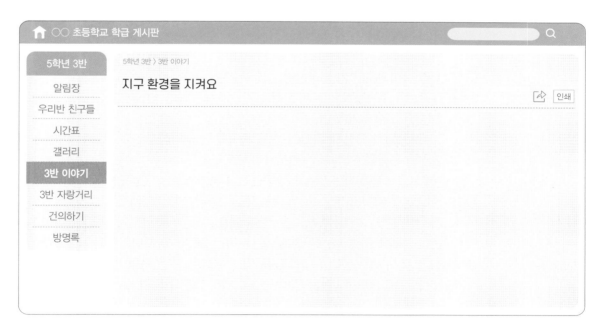

**생활 속 지구 온난화
해결 방안**

· 대중교통을 이용한다.
· 일회용품 사용을 줄인다.
· 주기적으로 나무를 심는다.
· 여름과 겨울철에 실내 온도를 적정하게 유지한다.

2 블로그를 읽고 댓글 쓰기

선다 싱의 삶

지혜는 인도의 위인을 찾아보다가 우연히 '선다 싱'이라는 인물을 알게 되었어요. 그리고 그의 일화를 통해 동행하는 삶에 대해 깊이 생각하는 시간을 가질 수 있었어요. 선다 싱의 삶에 대한 내 생각을 댓글로 써 보세요.

🏠 위인들과 함께하는 일상 ×   🏠 동화 세상   × | +

← → C

내 블로그 | 이웃 블로그 | 블로그 홈   로그인

블로그 🄽 | 메모 | 안부

선다 싱의 깨달음

지혜의 거울   20〇〇. 12. 11   18:35

지혜의 거울
역사 속 위인들의 삶을 본받고자 위인들의 일화를 정리하는 중

+ 이웃 추가   💬 채팅

목록

전체 보기(29)

우리나라의 위인(17)

세계의 위인(12)

선다 싱(1889~1929)은 타고르, 간디와 더불어 인도의 위대한 인물 중 한 명으로 꼽힌다. 선다 싱이 추구했던 삶이 무엇인지 그의 일화를 통해 소개해 보고자 한다.

어느 날, 선다 싱은 동행자와 함께 히말라야 산맥을 넘고 있었다. 눈보라가 몰아쳐 서로를 의지하며 힘겹게 산길을 내려오는데, 눈 위에 쓰러져 있는 한 사람을 발견하게 되었다. 선다 싱은 쓰러져 있는 사람을 그냥 두고 갈 수 없었다.

"이 사람을 업고 같이 갑시다. 그냥 두고 가면 추위에 목숨을 잃게 될 거예요."

그러자 동행자는 고개를 저으며 대답했다.

"이 사람을 데려가다가는 우리 목숨까지 위험해져요. 그냥 갑시다!"

선다 싱이 머뭇거리자, 동행자는 혀를 차며 뒤도 돌아보지 않고 혼자 앞서 가 버렸다. 결국 선다 싱 혼자 쓰러진 사람을 업고 힘겹게 산길을 내려갈 수밖에 없었다. 선다 싱에게 업힌 사람은 전해지는 온기로 체온이 유지되었는지 차츰 기운을 차릴 수 있게 되었다. 선다 싱 역시 전해지는 온기로 기운을 내며 힘겹게 눈보라를 뚫고 내려오는데, 이번에는 눈 위에 쓰러져 죽어 있는 사람이 있었다. 가까이 다가가 살펴보니 그 사람은 다름 아닌 혼자 살겠다고 서둘러 내려간 선다 싱의 동행자였다. 그 후 사람들이 선다 싱에게 인생에서 가장 위험할 때가 언제냐고 물으면 그는 이렇게 대답했다고 한다.

"내가 지고 가야 할 짐이 없을 때가 인생에서 가장 위험한 때입니다."

#선다싱 #인도 #히말라야 #선다싱히말라야 #타고르간디선다싱 #인도위인

확인 이 내용이 담긴 디지털 매체는 ⬚⅂⬚ 이다.

▶ 눈 위에 쓰러져 있는 사람을 발견한 선다 싱과 동행자의 행동을 알맞게 선으로 이으세요.

| 선다 싱 | · | · | 혼자 산길을 내려옴. |

| 동행자 | · | · | 쓰러진 사람을 등에 업고 산길을 내려옴. |

▶ 선다 싱의 삶과 관련 있는 말에 ○표를 하세요.

> 글쓴이는 선다 싱의 (남과 동행하는 삶 , 산에 오르는 삶)을 본받고자 블로그에 글을 올렸다.

활동 선다 싱의 일화를 읽고, 선다 싱이 추구하는 삶에 대한 나의 생각을 정리하여 댓글로 써 보세요.

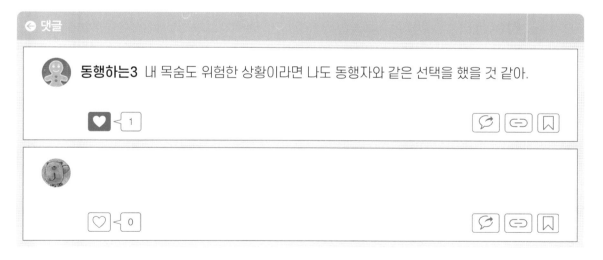

← 댓글

🧍 **동행하는3** 내 목숨도 위험한 상황이라면 나도 동행자와 같은 선택을 했을 것 같아.

❤️ 1

♡ 0

이야기를 읽으며 인물이 추구하는 삶을 파악하는 방법

· 인물이 처한 상황을 떠올려 본다.
· 인물이 처한 상황에서 인물이 한 말과 행동을 알아본다.
· 인물이 처한 상황에서 그렇게 말하고 행동한 까닭을 생각해 본다.

1 온라인 대화를 읽고 위로하는 말 하기

한솔아, 힘내

오늘은 한솔이가 수영 대회에 나간 날이에요. 수영 대회에서 항상 순위 안에 드는 한솔이였는데 웬일인지 결과가 좋지 않아서 많이 실망하고 있네요. 한솔이에게 진심이 담긴 위로의 말을 해 보세요.

확인 이 내용이 담긴 디지털 매체는 ☐ ☐ ☐ ☐ ☐ ☐ 이다.

2
주차

▶ 온라인 대화 내용으로 알맞은 것에 ○표를 하세요.

> 한솔이를 (축하 , 위로)하는 내용의 대화이다.

▶ 온라인 대화방에서 다음과 같은 태도를 보인 친구의 이름을 쓰세요.

> • 친구들에게 장난스럽게 말한다.
> • 상대방의 기분을 생각하지 않고 말한다.

활동 내가 온라인 대화에 참여했다면 한솔이에게 어떤 말을 하였을지 진심이 담긴 위로의 말을 써 보세요.

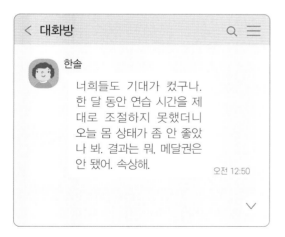

SNS에서 위로의 말 하기

• 텍스트로만 전하기 때문에 오해가 있을 수 있으므로 조심해야 한다.
• 상대의 입장을 고려하여 마음의 상처가 될 수 있는 표현은 하지 않아야 한다.
• 이모티콘 등을 적절하게 사용하면 마음을 표현하는 데 도움이 될 수 있다.

2 블로그를 읽고 마인드맵으로 정리하기

정월 대보름

우리나라의 여러 가지 세시 풍속 중 '정월 대보름'은 음력 1월 15일 새해 첫 보름달이 뜨는 날을 기념하여 특별한 행사를 한 날이에요. '정월 대보름'에 대한 내용을 마인드맵으로 정리해 보세요.

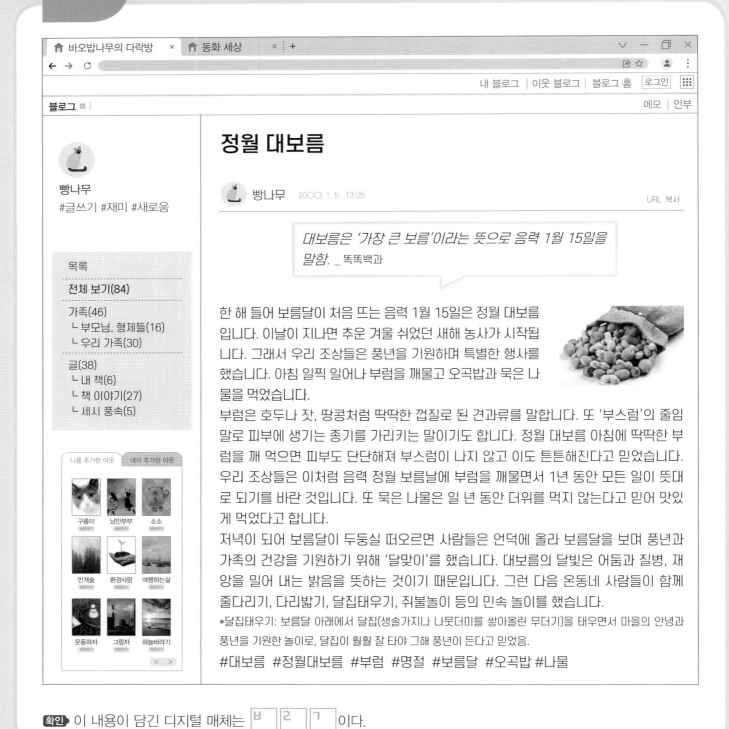

바오밥나무의 다락방 × **동화 세상** × +

내 블로그 | 이웃 블로그 | 블로그 홈 | 로그인 |

블로그 🔟 | 메모 | 안부

빵나무
#글쓰기 #재미 #새로움

목록

전체 보기(84)

가족(46)
└ 부모님, 형제들(16)
└ 우리 가족(30)

글(38)
└ 내 책(6)
└ 책 이야기(27)
└ 세시 풍속(5)

나를 추가한 이웃 / 내가 추가한 이웃

구름이 / 낭만부부 / 소소
안개숲 / 환경사랑 / 여행하는삶
운동하자 / 그림자 / 하늘바라기

< >

정월 대보름

빵나무   2000. 1. 5   13:05   URL 복사

> 대보름은 '가장 큰 보름'이라는 뜻으로 음력 1월 15일을 말함. _ 똑똑백과

한 해 들어 보름달이 처음 뜨는 음력 1월 15일은 정월 대보름입니다. 이날이 지나면 추운 겨울 쉬었던 새해 농사가 시작됩니다. 그래서 우리 조상들은 풍년을 기원하며 특별한 행사를 했습니다. 아침 일찍 일어나 부럼을 깨물고 오곡밥과 묵은 나물을 먹었습니다.

부럼은 호두나 잣, 땅콩처럼 딱딱한 껍질로 된 견과류를 말합니다. 또 '부스럼'의 줄임말로 피부에 생기는 종기를 가리키는 말이기도 합니다. 정월 대보름 아침에 딱딱한 부럼을 깨 먹으면 피부도 단단해져 부스럼이 나지 않고 이도 튼튼해진다고 믿었습니다. 우리 조상들은 이처럼 음력 정월 보름날에 부럼을 깨물면서 1년 동안 모든 일이 뜻대로 되기를 바란 것입니다. 또 묵은 나물은 일 년 동안 더위를 먹지 않는다고 믿어 맛있게 먹었다고 합니다.

저녁이 되어 보름달이 두둥실 떠오르면 사람들은 언덕에 올라 보름달을 보며 풍년과 가족의 건강을 기원하기 위해 '달맞이'를 했습니다. 대보름의 달빛은 어둠과 질병, 재앙을 밀어 내는 밝음을 뜻하는 것이기 때문입니다. 그런 다음 온동네 사람들이 함께 줄다리기, 다리밟기, 달집태우기, 쥐불놀이 등의 민속 놀이를 했습니다.

*달집태우기: 보름달 아래에서 달집(생솔가지나 나뭇더미를 쌓아올린 무더기)을 태우면서 마을의 안녕과 풍년을 기원한 놀이로, 달집이 훨훨 잘 타야 그해 풍년이 든다고 믿었음.

#대보름 #정월대보름 #부럼 #명절 #보름달 #오곡밥 #나물

확인 이 내용이 담긴 디지털 매체는 ┃ㅂ┃ㄹ┃ㄱ┃이다.

2
주차

▶ 블로그의 내용으로 알맞은 것에 ○표를 하세요.

보름달이 뜨는 과학적인 원리에 대한 설명이 나타난 글	
우리나라의 세시 풍속 정월 대보름에 대한 설명이 나타난 글	

▶ 블로그를 활용해 글의 주제와 관련된 내용을 검색하려고 합니다. 알맞지 <u>않은</u> 키워드가 포함된 것의 기호를 쓰세요.

> ㉮ 정월 대보름, 풍년, 민속 놀이
> ㉯ 정월 대보름, 부럼, 보름달, 세배
> ㉰ 정월 대보름, 오곡밥, 달맞이, 민속 놀이
> ㉱ 정월 대보름, 부럼, 보름달, 풍년

활동 우리나라의 세시 풍속 '정월 대보름'을 마인드맵으로 정리하여 써 보세요.

뜻

정월 대보름

음식
• 부럼
• 오곡밥
• 묵은 나물

• 풍년
• 가족의 건강

'달맞이'를 한 까닭

민속 놀이

블로그 글쓰기를 할 때 꼭 알아야 할 '키워드'

• 설명 또는 제목의 중요한 내용을 요약한 핵심적인 단어 또는 문구를 말한다.
• 단어나 문서를 검색할 때 핵심어를 이용하면 원하는 정보를 쉽게 찾을 수 있다.
• 블로그에 글을 쓴 후 내용 관련 핵심 키워드를 써넣으면 쉽게 검색될 수 있다.

■ 온라인 대화를 읽고 대화하기

사춘기가 시작되었어요

슬기로운 방학생활을 위해 친구들이 온라인 대화방을 만들었어요.
방학생활의 정보도 공유하고 서로 고민을 상담하기도 해요. 여드름이 고민인 지우에게 도움을 줄 말을 생각하여 써 보세요.

< 슬기로운 방학생활 20

오후 2:00 나 어떡해ㅜㅜ 얼굴이 여드름투성이야.

오후 2:01

전보민
어머나. 얼굴이 울긋불긋해졌네.
오후 2:17

민채린
우리 엄마가 그러시는데 여드름은 청춘의 꽃이래.
오후 2:21

서지수
무슨 소리! 인터넷 백과사전 찾아보니까 여드름은 모낭 속에 피지가 쌓여서 염증이 된 거래. 일종의 질병이라고!
오후 2:24

오후 2:30 그럼 나 병에 걸린 거야? ㅜㅜ

전보민
너 방학 동안 세수 잘 안 했지? 여드름은 더러워서 얼굴에 기름이 끼는 거랬어.
오후 2:47

오후 2:48 뭐야, 세수 잘한다고!

이서현
지우야, 당분간은 세수하고 아무 것도 바르지 않는 게 좋겠어.
오후 2:49

< 슬기로운 방학생활 20

박한별
아니야. 알코올이나 레몬 같은 걸로 문지르면 소독이 돼서 없어진대.
오후 3:01

박희경
어디서 봤는데. 치약을 얼굴을 바르면 여드름이 없어진대.
오후 3:09

오후 3:13 어휴, 뭐가 이렇게 복잡해. 그냥 피부과 가서 치료받는 게 낫겠다.

서지수
잘 생각했어. 다녀와서 알려 줘. 지우야.
오후 3:15

오후 5:25 얘들아, 나 방금 피부과에 다녀왔어.

민채린
어떻게 됐어? 애들이 얘기한 방법이 맞아?
오후 5:29

오후 5:33 여드름은 더러워서 생기는 게 아니라 사춘기에 호르몬 분비가 왕성해지면서 생기는 거래.

오후 5:35 치약이나 알코올 같은 것을 사용하면 피부가 더 나빠질 수 있대. 병원에서 약 받아 왔어.

서지수
하여튼 확실하지도 않은 얘기를 진실인 것처럼 말하면 안 된다니까.
오후 5:38

확인 이 내용이 담긴 디지털 매체는 ㅇ ㄹ ㅇ ㄷ ㅎ ㅂ 이다.

▶ 온라인 대화의 내용으로 알맞은 것에 ○표를 하세요.

| 지우의 여드름 고민 | |
| 지우의 방학생활 계획 | |

▶ 친구들이 주고받은 여드름에 대한 내용 중 알맞은 것의 기호를 쓰세요.

㉮ 여드름은 세수를 안 해서 생긴 것이다.
㉯ 여드름은 치약을 바르면 낫는다.
㉰ 여드름은 사춘기에 호르몬이 왕성해지면서 생긴다.

활동 지우가 깨끗한 피부를 만들기 위해 어떻게 해야 하는지 고민하는 내용을 보내 왔어요. 어떤 말을 해 줄 수 있는지 써 보세요.

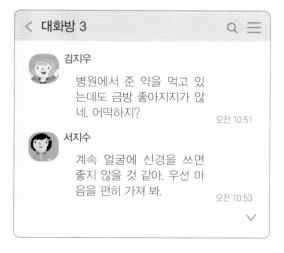

< 대화방 3   Q ☰

김지우
병원에서 준 약을 먹고 있
는데도 금방 좋아지지가 않
네. 어떡하지?
오전 10:51

서지수
계속 얼굴에 신경을 쓰면
좋지 않을 것 같아. 우선 마
음을 편히 가져 봐.
오전 10:53
∨

< 대화방 3   Q ☰

||| ○   <

SNS로 대화를 할 때 필요한 자세

• 내 생각과 입장만 강조하기보다 상대방의 말에 귀 기울여야 한다.
• 상대의 말을 듣고 판단하기 전에, 상대의 마음이 어떠했는지 이해한다.
• 배려와 공감을 바탕으로 소통해야 한다.

2 온라인 대화를 읽고 소감 쓰기

요양원 봉사 소감

단우네 반 친구들은 학교 근처에 있는 요양원을 찾아 봉사 활동을 하고 봉사 활동 모습을 정리해 인터넷 학급 신문에 올리기로 했어요. 인터넷 학급 신문에 올릴 소감을 정리해 보세요.

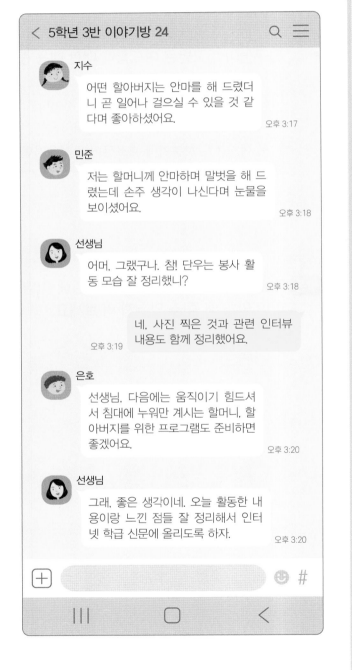

확인 이 내용이 담긴 디지털 매체는 ⬚ ⬚ ⬚ ⬚ ⬚ ⬚ 이다.

▶ 온라인 대화를 통해 알 수 있는 내용이 <u>아닌</u> 것에 ○표를 하세요.

5학년 3반 아이들이 요양원에서 봉사 활동을 했다.

요양원의 할아버지, 할머니는 침대에 누워만 계셨다.

▶ 인터넷 학급 신문에 실을 사진과 인터뷰 내용을 정리 중입니다. 사진을 보고, 빈칸에 들어갈 인터뷰 내용을 생각하여 써 보세요.

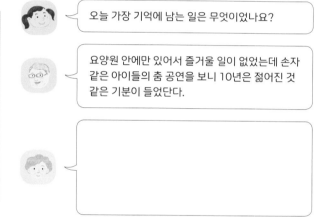

오늘 가장 기억에 남는 일은 무엇이었나요?

요양원 안에만 있어서 즐거울 일이 없었는데 손자 같은 아이들의 춤 공연을 보니 10년은 젊어진 것 같은 기분이 들었단다.

활동 단우가 되어 인터넷 학급 신문에 올릴 요양원 봉사 활동의 소감을 써 보세요.

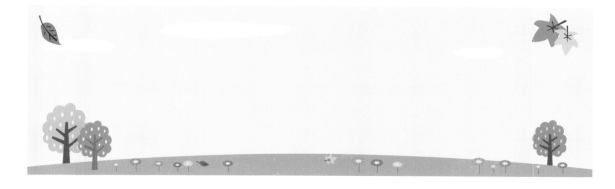

**봉사나 체험 활동을
한 후 정리할 내용**

• 봉사나 체험을 준비하면서 힘들었던 점이나 아쉬웠던 점
• 봉사나 체험을 하면서 가장 기억에 남는 점이나 뿌듯했던 점
• 봉사나 체험을 하고 나서 느낀 점과 앞으로의 계획이나 각오

1 블로그를 읽고 댓글 쓰기

《어린 흥부와 놀부》 이야기

작가가 꿈인 어진이는 전래동화의 등장인물이나 배경을 바꾸어 써서 블로그에 올리는 게 취미예요. 어진이가 새롭게 꾸민 이야기를 읽고, 흥부와 놀부에 대한 자신의 생각이나 느낌을 댓글로 써 보세요.

🏠 어진이의 이야기 나라 ✕ +

← → C   ☑ ☆   ▲ ⋮

내 블로그 | 이웃 블로그 | 블로그 홈   로그인 ▦

블로그 Ⓝ | 메모 | 안부

어진이의 이야기 나라

👤 김어진   20○○.09.11.

어린 흥부와 놀부

어느 마을에 흥부와 놀부라는 형제가 살았어. 흥부는 11살, 놀부는 12살이었지. 둘은 한 부모에게서 태어난 형제지만 성격이 완전히 달랐어. 형 놀부는 욕심이 많고, 툭하면 심술을 부리는 반면, 동생 흥부는 항상 남을 잘 도와주었지. 그런데 놀부는 공부에도 욕심을 부려서 시험을 보면 항상 백 점을 받아 오는 반면, 흥부는 착하기만 하고 친구들과 어울리는 걸 좋아해서 책상에 앉아 공부하는 일이 거의 없었어. 대신 주변에 친구는 아주 많았어.

수학 단원평가 시험을 본 날, 흥부는 평소와 다름없이 50점을 받은 시험지를 들고 집으로 가다가 시험 점수를 보고 속상해하실 엄마 얼굴이 떠올라 발걸음을 돌려 공원으로 향했지. 잠시 바람만 쐬고 가려고 공원 의자에 앉아 있는데 어디선가 아기 고양이 울음소리가 들리는 거야. 울음소리가 들리는 곳으로 가까이 다가가 보니 다리를 다친 아기 고양이가 어미를 찾는 듯 슬프게 울고 있었어. 고양이 상태를 보니 얼른 병원에 데려가야 할 것 같았지. 흥부는 아픈 고양이를 안아 들고 병원으로 달렸어. 그동안 틈틈이 모아둔 용돈이 있어서 우선 그것으로 고양이 치료비를 내기로 했

확인 이 내용이 담긴 디지털 매체는 ㅂ ㄹ ㄱ 이다.

지. 흥부는 치료를 마친 고양이를 데리고 집으로 와서 마당 한 편에 쉴 곳을 마련해 주고 다친 데가 다 나을 때까지 잘 돌봐주었어.

흥부의 보살핌 덕에 다리가 다 나은 아기 고양이는 어느 날 갑자기 사라졌다가 보답이라도 하려는 듯 작은 종이 봉투를 하나 물고 나타났어. 봉투를 열어 보니 작은 씨앗들이 들어 있었지. 흥부는 화분에 씨앗을 심어 햇빛이 잘 드는 쪽에 두고 정성껏 가꾸었어. 얼마 뒤 화분에서 싹이 나고 줄기가 쑥쑥 자라더니 한 달 만에 방울토마토가 주렁주렁 달렸어. 정말 신기했지.

한 달 쯤 지나 단원평가가 있는 날 아침, 흥부는 기운을 내려고 방울토마토 한 알을 따 먹고 학교로 갔어. 그런데 이상한 일이 벌어졌어. 시험지를 받아 문제를 보니 답이 훤하게 보이는 거야. 흥부는 신나게 답을 쓰고 백 점 시험지를 받아 엄마에게 보여 드렸어. 엄마는 놀부가 받아 온 백 점 시험지보다 흥부가 받아 온 백 점 시험지를 보고 더 많이 기뻐하셨어. 그리고 흥부에게 백 점을 받은 기념으로 갖고 싶은 선물을 사 주겠다고 하셨지. 그 뒤로도 흥부는 시험 보는 날마다 방울토마토 한 알을 먹고 가서 계속 백 점을 받아 왔어.

열심히 공부해서 늘 백 점을 받아 오던 놀부는 이상한 생각이 들었어. 맨날 놀기만 하던 흥부가 어느 날부터 갑자기 백 점을 받아 오는 게 의심스러웠던 거야. 그래서 방으로 들어가는 흥부를 따라가서 물었지.

"너, 공부도 안 하면서 어떻게 시험을 잘 볼 수 있어? 옆 친구 시험지 훔쳐 보는 거 아냐?"

흥부는 시험을 못 보면 못 봤지, 그런 짓은 절대 안 한다면서 놀부에게 그동안의 일을 자세히 들려주었어. 아기 고양이 다리를 치료해 준 일부터 방울토마토를 먹은 일까지 말이야. 흥부의 이야기를 다 들은 놀부는 엄청 화가 났어. 노력하지 않고도 쉽게 좋은 결과를 얻은 흥부가 얄미웠지. 화가 난 놀부가 씩씩대며 마당을 나와 보니 흥부가 말한 아기 고양이가 마당에서 놀고 있었어. 놀부는 아기 고양이를 붙잡아 번쩍 안아 올렸어. 놀란 아기 고양이가 '이야옹' 하고 소리를 냈지. 놀부는 아기 고양이 다리를 붙잡고 눈을 질끈 감았어.

그리고……

**인물의 성격과 사건
전개 사이의 관계**

• 인물의 성격은 사건의 전개에 영향을 준다.
• 사건의 전개가 인물의 성격에 영향을 주기도 한다.
• 사건의 전개를 보고 인물의 성격을 짐작할 수 있다.

▶ 이야기에서 일어난 사건으로 알맞은 것에 모두 ○표를 하세요.

놀부가 아기 고양이의 다리를 치료해 주었다.	
흥부가 씨앗를 심자 방울토마토가 주렁주렁 열렸다.	
아기 고양이가 작은 종이 봉투를 물고 왔다.	

▶ 이야기에서 인물의 성격과 사건 전개 사이의 관계로 알맞은 것의 기호를 쓰세요.

㉮ 인물의 성격은 사건 전개에 영향을 준다.
㉯ 사건 전개는 인물의 성격에 영향을 주지 않는다.
㉰ 사건 전개를 보고 인물의 성격을 짐작할 수는 없다.

▶ 《어린 흥부와 놀부》 이야기에서 알 수 있는 인물의 성격을 정리하여 써 보세요.

흥부	놀부

2
주차

활동 1 인물의 성격을 생각하며 뒷부분에 이어질 이야기를 알맞게 말한 친구의 이름을 쓰세요.

강두

놀부는 힘을 주어 아기 고양이의 다리를 꺾으려다가 그냥 보내 주었어. 놀부는 늘 그렇듯 공부에도 욕심이 없었던 거야. 흥부가 시험 점수를 잘 받아 오는 모습이 기특해 보였나 봐.

연아

놀부가 힘을 주어 아기 고양이의 다리를 살짝 꺾으려는데 아기 고양이가 놀부의 손등을 할퀴고 도망갔어. 그런데 얼마 후 신기하게도 그 고양이가 놀부에게 방울토마토를 내미는 거야. 놀부는 얼른 받아 먹었지. 하지만 다음 날 놀부는 학교에도 못 갈 정도로 배가 아파서 엄청 고생했어.

문수

놀부는 아기 고양이를 데리고 흥부에게 가서 함께 시간 가는 줄 모르게 재미있게 놀았어. 그리고 다음 날 있을 단원평가 시험 공부를 흥부와 함께 했어. 놀부는 동생 흥부에게 배울 점이 많다며 흐뭇해했어.

활동 2 어진이가 쓴 이야기를 읽고 친구들이 댓글을 남겼어요. 흥부와 놀부에 대한 내 생각은 어떠한지 댓글로 써 보세요.

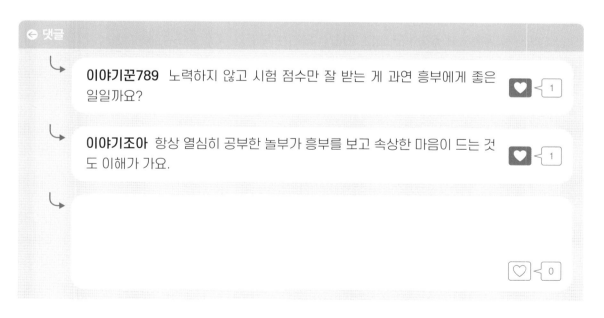

← 댓글

> **이야기꾼789** 노력하지 않고 시험 점수만 잘 받는 게 과연 흥부에게 좋은 일일까요? ♥ 1

> **이야기조아** 항상 열심히 공부한 놀부가 흥부를 보고 속상한 마음이 드는 것도 이해가 가요. ♥ 1

> ♡ 0

2 블로그를 읽고 댓글 쓰기

소중한 우리 국토, 독도

민서는 텔레비전에서 우리 국토에 대한 다큐멘터리 영상을 보고. 그 가운데 가장 인상 깊었던 독도와 관련된 내용을 조사하여 블로그에 글을 올렸어요. 국토를 가꾸고 지키기 위해 우리가 할 수 있는 일은 무엇인지 댓글로 써 보세요.

🏠 민서의 다큐 세상   ×   +

← → C

내 블로그 | 이웃 블로그 | 블로그 홈 [로그인]

블로그 Ⓝ | 메모 | 안부

민서의 다큐 세상

● 박민서   2000.08.15.

소중한 우리 국토, 독도

독도는 우리나라 동쪽 끝에 있는 섬으로, 대한민국의 주권에 대한 상징성이 매우 높기 때문에 소중히 여기고 지켜야 하는 영토이다. 독도는 역사적, 지리적, 국제법적으로 우리나라의 영토임에도 불구하고 일본은 독도에 대한 영유권을 계속해서 주장하고 있다. 따라서 우리는 독도가 우리나라의 영토인 까닭을 바르게 알고 있어야 한다.

▲ 독도

독도의 가치
독도는 우리나라 영토의 동쪽 끝에 위치해 군사적으로 매우 중요한 가치를 지니고 있다. 독도 근처 바다는 한류와 난류가 만나는 곳으로 좋은 어장을 이루고 있어 수산 자원이 풍부하며, 다양한 동식물이 살고 있고, 천연가스가 매장되어 있어 미래의 에너지 자원으로 기대를 모으고 있다.

독도의 이름
독도는 신라 때 울릉도 지역의 우산국이라는 나라에 속한 섬이었다. 그러나 512년에 신라의 이사부가 우산국을 정벌하면서 '우산도'라는 이름으로 처음 불리게 되었다. 이후 조선 성종 때는 세 개의 봉우리로 보인다고 해서 '삼봉도'로 불리기도 했다. 그러다가 1900년에 대한제국이 '칙령 41호'로 독도를 돌섬의 한자 표기인 '석도'라고 이름 붙였다가 1906년에 이르러 '독도'라고 불리게 되었다.

확인 이 내용이 담긴 디지털 매체는 ⬚ ⬚ ⬚ 이다.

▶ 블로그 내용으로 알맞은 것은 무엇인지 ○표를 하세요.

| 우리나라 영토인 남도 | 우리나라의 영토인 독도 |

▶ 독도에 대한 내용으로 알맞은 것에 ○표를 하세요.

독도의 바다 밑에는 석유가 매장되어 있다. ☐

독도는 우리나라 영토의 남쪽 끝에 위치해 있다. ☐

독도는 '우산도'라는 이름으로 처음 불리게 되었다. ☐

활동 국토를 가꾸고 지키기 위해 우리가 할 수 있는 일은 무엇인지 댓글로 써 보세요.

← 댓글

국토러버 우리 삶의 터전인 국토를 바르게 알아야 합니다. ♥ 1

♡ 0

우리나라 영역
- 우리나라의 영토: 한반도와 한반도에 속한 여러 섬을 말한다.
- 우리나라의 영해: 우리나라 바다의 영역으로, 영해를 설정하는 기준선으로부터 12해리(약 22km)까지이다.
- 우리나라의 영공: 우리나라 영토와 영해 범위에 있는 하늘의 범위이다.

1 제안하는 글을 쓸 때 주의할 점으로 알맞지 <u>않은</u> 것에 ○표를 하세요.

(1) 제안 사항이 분명히 드러나게 써서 제안한다. ( )

(2) 상황에 맞게 실천 가능성이 있는 방법을 제안한다. ( )

(3) '반드시 ~해야 한다.', '절대 ~하지 말아야 한다.' 등의 표현을 써서 제안한다. ( )

2 다음은 어디에서 찾은 자료인가요? ( )

① SNS

② 블로그

③ 인터넷 뉴스

④ 인터넷 게시판

⑤ 인터넷 백과사전

3 텔레비전 뉴스에서 전하려는 것은 무엇인지 빈칸에 알맞은 말을 쓰세요.

해마다 지구의 온도가 점점 올라 지구 ( ) 문제가 심각해지고 있다.

4 다음은 누구에 대한 설명인지 쓰세요.

- 인도 사람으로 남과 동행하는 삶을 살고자 한 인물이다.
- 히말라야 산맥을 넘고 있을 때 눈밭에 쓰러진 사람을 도와준 일화로 유명하다.

( )

5 온라인 대화방에서 위로의 말을 전하는 방법을 <u>잘못</u> 말한 친구는 누구인지 쓰세요.

> 선호: 글로 전하기 때문에 오해가 있을 수 있으므로 주의해야 해.
>
> 채원: 상대의 입장을 고려하여 마음의 상처가 될 수 있는 표현은 하지 않아야 해.
>
> 혜진: 이모티콘은 마음을 표현하는 데에 도움이 되지 않아.

(   )

6 블로그에서 다음과 같은 키워드와 관련 있는 우리나라의 세시 풍속은 무엇인가요? (   )

부럼	보름달	달집태우기	쥐불놀이

① 설   ② 단오   ③ 추석
④ 추수 감사절   ⑤ 정월 대보름

7 다음은 어떤 매체에 글을 실은 것인가요? (   )

① 뉴스   ② 블로그   ③ 광고
④ 인터넷 게시판   ⑤ 인터넷 백과사전

토론 대회에 나가요!

매주 수요일마다 하는 방과 후 논술 수업 시간이었어요.

나영이는 논술 수업을 처음에는 썩 좋아하지 않았지만, 책을 읽고 자기 생각을 말하고 토론을 하는 것이 생각보다 재미있었어요. 수업 마지막에 한 편씩 글을 쓰는 것은 별로 마음에 들지는 않았지만요.

그런데 오늘은 선생님이 다른 날보다 조금 빠르게 수업을 마치셨어요.

"얘들아, 오늘 수업이 빨리 끝나서 좋지? 그런데 오늘 수업을 일찍 끝낸 이유가 있단다. 여기 구립 도서관에서 토론 대회를 여는데, 너희들 중에서도 토론 대회에 참가해 보면 좋을 것 같다는 생각이 들었어."

선생님 말씀에 아이들 눈이 휘둥그레졌어요. 물론 논술 수업에서도 간혹 토론을 하는 경우도 있었지요. 그렇지만 나영이가 생각하기에 토론 대회는 왠지 그보다는 더 잘해야 하는 것 같았지요. 아이들은 서로 눈치를 보고 있었어요. 나영이는 왠지 그 토론 대회가 재미있을 것 같다는 생각이 들었어요. 새로운 경험이기도 하고요.

"토론 대회에 참가하는 학생들은 선생님이랑 따로 토론 수업을 진행할 예정이란다. 우리가 종종 토론식의 수업을 하기는 했지만, 대회에 나가기 위해서는 함께 연습을 더 하는 것이 필요하거든. 토론 대회에 나가는 것은 참 소중한 경험이 될 거라고 생각한단다."

선생님께서 말씀을 하시면서 아이들을 둘러보셨어요. 선생님은 우선 지원자를 받겠다고 하셨어요. 그때 준영이가 망설이지 않고 손을 들었어요.

나영이는 손을 번쩍 든 준영이를 째려보았어요. 나영이도 참가하고 싶었지만, 평소 잘난 체가 심한 준영이가 못마땅했거든요. 또 다른 지원자는 나오지 않았어요. 교실 안에 침묵이 흘렀어요. 나영이는 머릿속으로 갈등을 하고 있었지요. 토론 대회에 나가고 싶은 마음은 있었지만, 준비 기간 동안 준영이의 잘난 척을 견딜 자신이 없었거든요.

"얘들아, 4명이 한 팀을 만들어야 해. 더 지원할 사람, 정말 없니?"

아이들이 슬그머니 고개를 수그리거나 다른 곳을 보았어요. 이런 긴장된 분위기가 싫었던 나영이가 손을 번쩍 들었어요.

"선생님, 저도 나갈게요!"

선생님이 나영이의 지원을 반겨주셨어요.

"그래, 잘 결심했어. 두 명만 더! 선생님이 차근차근 지도해 줄 테니 걱정 말고, 정말 좋은 경험이 될 거란다."

선생님이 다시 한번 강조하셨어요. 슬금슬금 빈우와 희원이가 손을 들었어요. 드디어 팀이 꾸려졌어요. 그제야 아이들이 한숨을 돌리는 게 느껴졌지요. 팀원이 모두 채워졌으니, 선생님께서 더 지원하라는 얘기는 안 하실 테니까요.

"자, 오늘 수업은 여기서 마칠게요. 토론 대회에 참가하는 학생들은 남아 주세요."

아이들이 우르르 썰물처럼 교실을 빠져나갔어요.

선생님께서 교실에 남아 있는 네 명의 아이들을 가운데로 모이게 했어요.

"자, 우리는 이제 다음 주부터 모여서 토론 대회를 준비할 거야. 이번 토론 대회의 주제는 '스마트폰 사회의 좋은 점과 나쁜 점'이란다."

토론 주제를 들은 나영이는 길게 한숨을 쉬었어요.

"왜 그러니, 나영아?"

선생님이 물으셨어요.

"주제가 너무 재미없어서요. 더 재미있는 주제였으면 좋았을 걸 그랬어요. '방탄소년단이 군대를 가야 하는가, 말아야 하는가' 같은 주제는 정말 재미있잖아요."

나영이의 말에 아이들이 모두 웃음을 터뜨렸어요.

선생님은 아이들에게 자료 조사를 하여 스마트폰 사회의 좋은 점과 나쁜 점에 대해 각각 써 오라고 하셨어요.

"토론 대회는 한 달 앞이야. 그러니까 우리는 지금부터 한 주에 3일씩 토론 대회를 준비해야 해. 혹시 다른 학원 시간 때문에 못 오는 친구는 없지?"

알고 보니 밉상 준영이는 이곳 말고도 다른 논술학원을 다니고 있었어요.

'어쩐지 너무 잘 알고 잘한다 했더니, 다 이유가 있었군. 논술학원을 더 다녔지 뭐야.'

나영이는 늘 얄미웠던 준영이가 논술학원을 다니는 것도 왠지 못마땅하게 느껴졌어요. 빈우와 희원이는 같이 어울리기에 그럭저럭 괜찮은 친구들이었는데, 밉상 준영이를 견딜 수 있을지 다시 한번 고민스러웠어요.

"선생님, 저 이제 학원에 가야 해서요."

밉상 준영이었어요. 가방을 주섬주섬 챙기더니 얼른 내뺄 기세였지요.

"그래, 오늘은 여기까지 하면 될 것 같구나. 자자, 다들 이제 집에 돌아가세요! 숙제 해 오는 것 잊으면 안 된다. 알았지?"

선생님께서 웃으면서 아이들에게 손을 흔들었어요.

이어지는 내용은 100쪽에 >>>

"엄마, 저 오늘 하루 정말 잘 참았으니까, 이제 돌려주시면 안 돼요?"

그날 저녁, 참고 참은 나영이는 엄마한테 부탁했어요.

– 가치 동화 〈스마트폰 없는 날〉 중에서 –

3
주차

1 인터넷 광고를 읽고 상품 선택의 까닭 쓰기

운동화 광고

미주는 운동화를 사기 위해 버스 안에서 휴대 전화로 관련 광고를 찾아보았어요. 마침 버스 앞쪽 모니터에서도 다른 운동화 광고가 나오고 있었어요. 미주가 두 광고를 보고 영상 광고의 운동화를 구입하기로 결정한 까닭은 무엇일지 써 보세요.

● 모바일 광고

● 영상 광고

확인 이 내용이 담긴 디지털 매체는 ☐ ☐ 이다.

▶ 미주가 본 광고의 종류를 모두 골라 ○표를 하세요.

| 영상 광고 | 모바일 광고 | 배너 광고 |

▶ 다음은 미주가 본 광고 중 어떤 광고의 특징인지 쓰세요.

> 직접 경험한 것을 말하면서 상품에 대해 자세히 설명하였다.

활동 모바일 광고와 영상 광고에 나타난 상품 내용을 비교해 보고, 미주가 영상 광고 운동화를 선택한 까닭은 무엇일지 생각하여 써 보세요.

모바일 광고 내용	영상 광고 내용
	직접 운동화를 신어 본 사람이 설명해 주어서 상품에 대해 좀 더 잘 이해할 수 있었음.

미주가 영상 광고의 운동화를 선택한 까닭

광고의 종류

• 모바일 광고: 스마트폰 등의 휴대 전화 기기를 통해 하는 광고이다.
• 영상 광고: 텔레비전이나 인터넷과 같이 영상 매체를 이용한 광고이다.
• 배너 광고: 인터넷 홈페이지에 띠 모양으로 싣는 광고로, 특정 웹사이트의 이름이나 내용을 홍보하는 그래픽 이미지 광고이다.

2 웹툰과 인터넷 뉴스를 읽고 댓글 쓰기

이그노벨상을 아시나요

노벨상이 아닌 이그노벨상에 대해 알고 있나요? 이그노벨상은 언제 어떤 목적으로 만들어졌고, 지금까지 이그노벨상을 받은 연구 결과는 무엇인지 살펴보세요. 그리고 이그노벨상 도전 주제를 댓글로 써 보세요.

노벨상(Nobel Prizes)

주최 기관	스웨덴 왕립과학아카데미, 노르웨이 노벨 위원회
개최 시기	매년 12월 10일(노벨 사망일)
개최 장소	스웨덴 스톡홀름(평화상은 노르웨이 오슬로)
시상 분야	평화, 문학, 물리학, 생리ㆍ의학, 화학, 경제학
개최 배경	알프레드 노벨의 유언에 따라 인류의 복지에 힘쓴 사람이나 단체에게 주는 상

이그노벨상(Ig Nobel Prize)

주최 기관	미국 하버드 대학교의 과학 잡지사
개최 시기	매년 10월
개최 장소	하버드 대학교 샌더스 극장
시상 분야	평화, 사회학, 물리학, 문학, 생물학, 의학, 수학, 환경보호, 위생, 경제학
개최 배경	과학에 대한 관심을 갖게 하고자 엉뚱한 연구나 획기적인 발견 등의 업적을 이룬 사람에게 주는 상

확인 이 내용이 담긴 디지털 매체는 웹툰과 인터넷 [ㄴ][ㅅ]이다.

< 🔍 ≡

＋ 생활 문화 역사 **과학** 사회

재미있고 엉뚱해야 받는 상, 이그노벨상

김우리 기자   입력 20○○-11-21 오후 3:11

매년 10월이면 노벨상 수상자가 발표됩니다. 각 분야에서 빛나는 업적을 낸 사람들이 노벨상의 영광을 안습니다. 그런데 이와는 다르게 재미있고 기발한 연구를 한 사람들에게 주는 상도 있습니다. 바로 '이그노벨상'입니다. 이그노벨상은 '불명예스러운'이라는 뜻의 '이그노블(ignoble)' 과 '노벨(novel)'이 합쳐진 말로, "웃게 하라, 그리고 생각하게 하라."라는 목표에 맞게 재미있고 엉뚱한 연구를 한 사람에게 줍니다.
수상자에게는 노벨상 수상자의 사인이 들어간 상장과 기념 상패를 수여합니다. 이그노벨상의 상징인 '냄새 나는 사람'은 로댕의 '생각하는 사람'이 바닥에 등을 대고 누워 있는 모습을 나타

낸 것이고, 생각을 새롭게 바꾸어 보자는 이그노벨상 고유의 뜻을 잘 담고 있습니다.

이그노벨상은 1991년에 미국 하버드 대학교의 과학 잡지사에서 과학에 대한 관심을 불러일으키기 위해 만들었습니다. 논리적이고 과학적인 생각도 중요하지만 때로는 재미있고 엉뚱한 생각들이 과학을 발전시킬 수 있다고 생각했기 때문입니다. 예를 들면, 이그노벨상을 받은 연구 주제인 '동물의 삶을 직접 살아보는 것'에 대한 연구나 '고양이의 울음소리에 담긴 의미'에 대한 연구, '턱수염이 외부 공격으로부터 얼굴을 보호한다'는 연구 등은 재미있는 호기심에서 시작하였지만 과학적으로 의미 있는 결과를 얻어 낸 업적입니다. 우리나라 사람도 '향기 나는 양복'이나 '커피 잔을 들고 걸을 때 커피를 쏟는 현상'에 대한 연구로 이그노벨상을 받은 적이 있다고 합니다.

하지만 이그노벨상 수상자들이 엉뚱한 생각만 하는 사람들은 아닙니다. 물론 재미있는 생각을 하는 과학자들이 많았던 것은 사실이지만 이 중에서 몇 년 뒤 실제로 노벨상을 수상한 사람도 있습니다. 이런 점을 보면 과학에서 호기심은 매우 중요하다는 것을 알 수 있습니다. 때로는 재미없고 진지하기만 한 과학보다는 호기심을 불러일으키는 흥미로운 과학이 더 중요할 수도 있습니다. 바로 이와 같은 이유에서 이그노벨상 연구가 매년 계속되고 있는 의미를 찾을 수 있습니다. ETN 뉴스 김우리입니다.

이그노벨상을 받은 엉뚱한 연구 주제

- 길바닥에 붙은 껌은 얼마나 해로울까
- 바나나 껍질을 밟으면 왜 미끄러질까
- 악어가 헬륨 가스를 마시면 어떤 소리를 낼까
- 의도적으로 코로 숨을 쉬려 할 경우 어떤 현상이 일어날까

▶ 웹툰과 인터넷 뉴스의 내용으로 알맞은 것에 ○표를 하세요.

(이그노벨상 , 노벨상)의 목적과 연구 내용이 나타나 있다.

▶ 이그노벨상에 대해 알맞게 말한 친구는 누구누구인지 이름을 쓰세요.

우리나라 사람은 이그노벨상을 받은 적이 없어.

채윤

하버드 대학교 과학 잡지사에서 만든 상이야.

현우

수학적 호기심을 불러일으키기 위해 만들었어.

서준

이그노벨상의 목표는 "웃게 하라, 그리고 생각하게 하라."야.

민주

▶ 다음 그림과 설명에 알맞은 조각상의 이름에 ○표를 하세요.

• 이그노벨상을 상징하는 조각상이다.
• 이그노벨상의 엉뚱한 생각을 표현한 것이다.

생각하는 사람   냄새 나는 사람

활동 1 이그노벨상의 연구 주제로 알맞은 내용을 모두 골라 ○표를 하세요.

바나나 껍질을 밟으면 왜 미끄러질까?

길바닥에 붙어 있는 껌은 얼마나 세균이 많을까?

커피 잔을 들고 걸으면서 마시면 왜 쏟게 될까?

자석에서 자기력선은 왜 직선이 아닌 곡선으로 생길까?

활동 2 다음 학급 게시판의 글을 읽고, 이그노벨상에 도전할 만한 연구 주제를 생각하여 댓글로 써 보세요.

○○ 초등학교 학급 게시판

5학년 3반
알림장
우리 반 친구들
시간표
사진첩
3반 이야기
3반 자랑거리
방명록

5학년 3반 〉 3반 자랑거리

이그노벨상에 도전!

작성자: 김도형 | 등록일: 20○○.11.24 | 조회: 20

나는 과학자가 되는 것이 꿈인데 과학자가 되면 꼭 이그노벨상에 도전할 거야.
그런데 어떤 주제로 연구하면 좋을까? 재미있고 엉뚱한 주제 생각나는 거 없니?
이미 이그노벨상을 받은 연구 주제를 참고해도 좋아.

[2021년 수상]
• 영화 관람 중 몰래 뀌는 방귀가 영화에 미치는 관련성에 대한 연구
• 고양이의 울음소리에 담긴 의미에 대한 연구

♥ 공감 5 | ∨   💬 댓글 0 | ∧

1000자 이내 등록

2회 문화

1 영화 게시판을 읽고 한 줄 평 쓰기

영화를 봤어요

영화 게시판에 실린 애니메이션 '피카포와 용기의 기적'에 대한 정보입니다. 게시판에 실린 줄거리와 한 줄 평을 보고 내가 보았던 영화를 떠올려 영화의 제목과 평점, 그리고 한 줄 평을 써 보세요.

확인 이 내용이 담긴 디지털 매체는 인터넷 ㄱ ㅅ ㅍ 이다.

▶ 인터넷 게시판을 통해 알 수 있는 내용으로 알맞은 것에 ○표를 하세요.

| 영화 제목 | 영화 명대사 | 관람객 성별 |

▶ 영화를 본 관람객들의 평가가 궁금할 때 무엇을 보면 좋을지 알맞은 것의 기호를 쓰세요.

㉮ 영화의 개봉일을 본다.
㉯ 영화의 한 줄 평을 본다.
㉰ 영화의 감독과 출연 배우를 본다.

활동 내가 보았던 영화를 떠올려 보고 영화의 제목과 평점, 한 줄 평을 써 보세요.

| 영화 제목 | 평점 ★ ★ ★ ★ ★ |

한 줄 평

1000자 이내 [등록]

영화를 평가하는 기준 | • 인물의 연기 실력과 배경을 얼마나 잘 나타냈는지 평가한다.
• 영화 속 이야기가 얼마나 매끄럽게 진행되는지 평가한다.
• 영화에 담긴 의미가 무엇인지 평가한다.
• 다른 사람에게 추천할 만한 영화인지 평가한다.

2 웹툰과 인터넷 백과사전을 읽고 질문에 대한 답글 쓰기

강아지를 키워요

요즘에는 집에서 키울 수 있는 반려동물이 많아졌어요. 반려동물이란 사람이 가까이 두고 기르는 개, 고양이, 새 등의 동물을 말해요. 인터넷 백과사전에서 찾은 강아지 키우기에 대한 정보를 살펴보고 게시판에 답글을 써 보세요.

우리 집 반려견

나는 몸집이 큰 리트리버를 분양받고 싶었는데…….

아파트에서 그런 큰 개는 적당하지 않아.

아파트와 같은 다세대 주택에서는 다른 사람에게 피해가 가지 않도록 하는 것도 중요하단다.

장소에 따른 강아지 선택하기

좁은 아파트나 원룸

실내 생활에 적합하고 운동량이 적은 푸들, 요크셔테리어, 몰티즈, 포메라니안, 시추 등이 적당하다.

▲ 포메라니안

마당이 있는 주택

몸집이 크고 운동량이 많은 비글, 셔틀랜드 쉽독, 리트리버 등이 적당하다.

▲ 리트리버

가족들이 운동을 즐기는 경우

운동량이 많은 리트리버, 코커스패니얼, 비글, 보더콜리 등이 적당하다.

▲ 보더콜리

확인 이 내용이 담긴 디지털 매체는 ⬜ㅇ ⬜ㄷ 과 인터넷 ⬜ㅂ ⬜ㄱ ⬜ㅅ ⬜ㅈ 이다.

강아지를 잘 키우기 위해서 필요한 준비물

산책하기

강아지 산책 시기는 예방 접종을 마친 3개월 후로 매일 비슷한 시간에 하면 좋아요. 어린 소형견은 하루 15분 미만으로 짧게 해 주는 것이 좋고, 중형견은 30분, 대형견은 1시간 이내가 적당해요.

배변 훈련하기

강아지는 자고 일어났을 때와 식사한 다음에 주로 배변 욕구를 느껴요. 그래서 보호자는 화장실을 정해서 강아지가 한 곳에서 배변할 수 있도록 훈련시켜야 해요.

강아지 미용하기

빗질, 목욕, 항문 낭액 짜 주기, 귀 청소하기, 양치하기, 눈 닦아 주기, 발톱 자르기 등을 주기적으로 해 주어야 해요.

건강 검진 및 반려동물 등록하기

반려동물을 분양받으면 가장 먼저 동물병원에 가서 기본적인 건강검진을 하고 반려동물 등록을 해야 해요. 지금은 반려동물 등록 의무화 제도가 시행되고 있어 미등록 반려견에 대해서는 집중 단속을 해요. 반려동물 등록은 외장형과 내장형 중 선택할 수 있으며, 등록 후에는 등록증도 발급해 준답니다.

외장형 무선식별 장치
마이크로칩이 들어 있는 무선 식별 장치를 목줄에 장착

내장형 무선식별 장치
씨앗 크기의 마이크로칩을 반려동물 어깨뼈 사이에 삽입

강아지가 먹으면 안 되는 음식 알아보기

• 초콜릿: 코코아 성분이 구토, 설사, 불규칙한 심장 박동을 일으킬 수 있다.
• 양파나 파: 적혈구를 파괴하여 빈혈이나 중독 증상이 생길 수 있다.
• 고기의 뼈: 생선이나 닭뼈는 끝이 날카로워 식도나 내장에 상처가 날 수 있다.
• 어패류: 문어, 조개, 새우 등의 어패류는 소화 불량이나 구토를 일으킨다.

▶ 인터넷 백과사전의 내용으로 알맞은 것에 ◯표를 하세요.

반려 물고기	반려 강아지	반려 고양이

▶ 좁은 아파트나 원룸에서 키우기에 알맞은 강아지를 골라 ◯표를 하세요.

몸집이 크고 운동량이 많은 비글	
실내 생활에 적합하고 운동량이 적은 포메라니안	
사람들을 좋아하고 운동량이 많은 리트리버	

▶ 강아지와 산책을 할 때 필요한 준비물이 <u>아닌</u> 것을 골라 ◯표를 하세요.

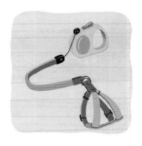   

3
주차

활동 1 강아지를 키울 때 알아두어야 할 점을 정리해 보세요.

산책하기

• 매일 비슷한 시간에 하면 좋다.

•

배변 훈련하기

• 보호자는 화장실을 정해서 강아지가 한 곳에서 배변할 수 있도록 훈련시켜야 한다.

미용하기

• 빗질, 목욕, 항문 낭액 짜 주기, 귀 청소하기를 해 준다.

•

반려동물 등록하기

• 지금은 반려동물 등록 의무화 제도가 시행되어 미등록 반려견에 대해서는 집중 단속을 한다.

•

활동 2 정리한 것을 바탕으로 하여 인터넷 게시판의 질문에 대한 답글을 써 보세요.

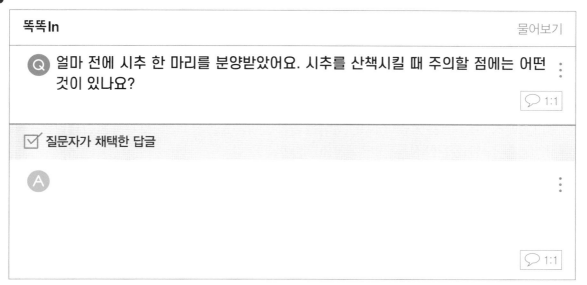

똑똑In   물어보기

Q 얼마 전에 시추 한 마리를 분양받았어요. 시추를 산책시킬 때 주의할 점에는 어떤 것이 있나요?
🗨 1:1

☑ 질문자가 채택한 답글

A
🗨 1:1

1 인터넷 백과사전을 읽고 인물에 대해 정리하기

정조를 만난 김만덕

민서는 조선의 사회 활동가에 대해 조사하다가 김만덕에 대해 알게 되었어요. 인터넷 백과사전에서 찾은 김만덕의 일생을 살펴보고, 여성 사회 활동가 김만덕의 삶을 정리하여 써 보세요.

똑똑백과사전   사전 소개 | 연표

거상 김만덕 (1739~1812)

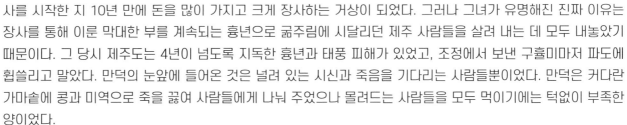

제주에서 양인 신분으로 출생하였으나 열한 살 때 부모님이 모두 돌아가시고 오갈 곳 없는 고아가 되어 기생집에서 일하게 되었다. 그러나 천대받는 기녀로 살기 싫었던 만덕은 부모님이 물려주신 양인 신분을 되찾고, 제주에서 제일가는 상인이 되기로 결심한다.

'큰 상인이 되어야지! 나처럼 먹고살 길이 없어 기생이 되는 아이들이 다시는 생기지 않게 할 거야.'

만덕은 이익을 적게 보는 대신 많이 팔고 정직하게 신용을 지킨다는 원칙을 세워, 장사를 시작한 지 10년 만에 돈을 많이 가지고 크게 장사하는 거상이 되었다. 그러나 그녀가 유명해진 진짜 이유는 장사를 통해 이룬 막대한 부를 계속되는 흉년으로 굶주림에 시달리던 제주 사람들을 살려 내는 데 모두 내놓았기 때문이다. 그 당시 제주도는 4년이 넘도록 지독한 흉년과 태풍 피해가 있었고, 조정에서 보낸 구휼미마저 파도에 휩쓸리고 말았다. 만덕의 눈앞에 들어온 것은 널려 있는 시신과 죽음을 기다리는 사람들뿐이었다. 만덕은 커다란 가마솥에 콩과 미역으로 죽을 끓여 사람들에게 나눠 주었으나 몰려드는 사람들을 모두 먹이기에는 턱없이 부족한 양이었다.

"이건 내가 평생 일해서 모은 돈이다. 섬에 있는 배를 모두 동원해서 육지로 나가 곡식을 사 오너라. 사람 목숨보다 더 귀한 건 없다."

전국적인 흉년 속에 곡식은 부르는 게 값이었지만, 만덕은 삼십 년 이상 모은 전 재산으로 구해 온 천금 같은 곡식을 관가에 기부하였다. 이 소식에 감탄한 정조는 만덕에게 소원을 물었다.

"상을 받으려 한 일이 아닙니다. 재물이란 모이고 흩어지는 때가 있는데 굶어 죽어가는 사람을 어떻게 보기만 하겠습니까. 다만 소원이 있다면 제주를 벗어나 임금님이 계시는 한양과 금강산을 둘러보고 오는 것입니다."

당시 법은 제주 여자가 육지에 나가는 것을 금지하고 있었으나 정조는 기꺼이 만덕의 소원을 허락하였고, 만덕은 평민의 신분으로 기적처럼 왕을 만나고 금강산을 다녀온 우리나라 최초의 여자 상인이 되었다.

1812년, 김만덕은 일흔 넷의 나이로 제주에서 생을 마감하였다.

확인 이 내용이 담긴 디지털 매체는 인터넷 ｜ㅂ｜ㄱ｜ㅅ｜ㅈ｜이다.

▶ 인터넷 백과사전을 통해 알게 된 내용으로 알맞은 것에 ○표를 하세요.

> 김만덕은 정직과 신용을 지키는 상인이 되었다. ☐

> 김만덕이 유명해진 까닭은 제주 최고의 부자가 되었기 때문이다. ☐

> 김만덕은 배를 사서 제주도 사람들이 육지로 갈 수 있도록 도왔다. ☐

▶ 정조에게 말한 김만덕의 소원으로 알맞은 것을 두 가지 골라 기호를 쓰세요.

> ㉮ 제주를 벗어나 육지에서 살고 싶다.
> ㉯ 임금님이 계신 한양을 둘러보고 싶다.
> ㉰ 금강산을 둘러보고 싶다.
> ㉱ 부모님이 물려주신 양인의 신분을 되찾고 싶다.

활동 인터넷 백과사전에서 찾은 내용을 바탕으로 하여, 사회 활동가로서 김만덕이 한 일을 정리한 것입니다. 빈칸에 들어갈 내용을 써 보세요.

> 제주에서 양인 신분으로 출생하였으나 고아가 되어 기생집에서 일하게 되었다. 기녀로 살기 싫었던 만덕은 양인 신분을 되찾고, 장사를 시작하여 큰 재산을 모았다.
>
>
>
> 이 소문을 들은 정조는 김만덕의 소원인 금강산 유람을 허락하여 만덕은 금강산을 다녀온 우리나라 최초의 여자 상인이 되었다. 1812년, 김만덕은 일흔 넷의 나이로 생을 마감하였다.

김만덕의 삶을 기록한 '만덕전'에 대해 알아보기 | 조선 정조 때의 문신 채제공이 지은 작품으로, 의롭게 재물을 쓸 줄 아는 김만덕의 마음을 기리고, 그녀의 선행을 널리 알려 본보기로 삼기 위해 지은 글이다. 힘든 처지와 환경을 이겨 내고 어려운 일을 해낸 것에 대한 칭찬과 감탄, 그리고 임금의 배려로 한양과 금강산 나들이를 한 일 등이 기록되어 있다.

공동 주택의 층간 소음 예방

온유네 아파트 주민 자치회에서는 층간 소음에 관한 규칙을 정하고, 캠페인도 벌이기로 했어요. 층간 소음에 관한 자료를 살펴보고 인터넷 게시판에 올릴 층간 소음을 줄이기 위한 안내문을 써 보세요.

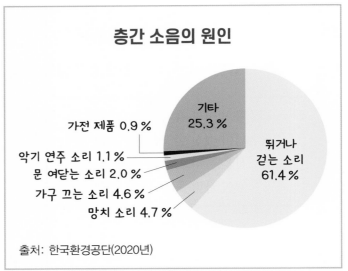

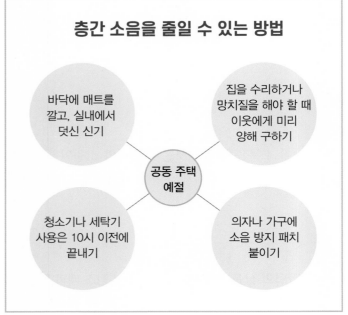

확인 이 내용이 담긴 디지털 매체는 [ㅇ][ㅌ]이다.

▶ 웹툰에서 다루고 있는 문제로 알맞은 것에 ◯표를 하세요.

주차 문제	층간 소음 문제	쓰레기 분리 배출 문제

▶ 층간 소음의 원인과 이를 줄일 수 있는 방법을 알맞게 선으로 이으세요.

뛰거나 걷는 소리	·	·	이웃에게 미리 양해 구하기
가전 제품 사용 소리	·	·	바닥에 매트를 깔고, 실내에서 덧신 신기
망치질 하는 소리	·	·	청소기나 세탁기 사용은 10시 이전에 끝내기

활동 인터넷 게시판에 올릴 '층간 소음을 줄이기 위한 안내문'을 완성해 보세요.

층간 소음을 줄이기 위한 안내문

늦은 밤이나 이른
아침엔 참아 주세요.

**공동 주택에서 지켜야
할 예절**

• 밤 늦게 가전 제품, 악기, 운동 기구, 애완견 소리가 나지 않게 한다.
• 밤 늦은 시각이나 이른 시각에 뛰거나 큰 소리가 나지 않게 한다.
• 복도나 계단에 집 안의 물건을 내놓지 않는다.
• 정해진 요일에 쓰레기 분리 배출을 한다.

■ 게시판을 읽고 댓글 쓰기

《마당을 나온 암탉》을 읽고

책 《마당을 나온 암탉》을 읽고 다른 친구의 감상도 읽어 보고 싶어서 인터넷 서점의 게시판을 찾아보았어요. 책을 읽은 한 친구가 게시판에 남긴 독서 후기를 읽고 생각하거나 느낀 점을 댓글로 써 보세요.

자유 게시판

🏠 참여 소통 > 열린 게시판 > 자유 게시판   인쇄

《마당을 나온 암탉》 감동 후기

작성자: 배수민   20○○.09.09. 10:40 | 댓글 3 조회수 79

큰 닭과 아기 오리가 나란히 서 있는 책 표지를 보고 '둘은 어떤 사이일까?' 하는 궁금증으로 이 책을 읽게 되었습니다.

농장에서 알을 낳기만 했던 잎싹은 자신의 알을 직접 키워 보고 싶은 꿈을 위해 양계장을 탈출하여 바깥 세상으로 나오게 됩니다. 잎싹은 우연히 바깥 세상에서 발견한 알을 청둥오리 나그네의 도움으로 정성껏 부화시켜 마침내 그토록 바라던 엄마가 됩니다. 하지만 바깥 세상은 알에서 부화한 '초록머리'를 보호하기에는 너무 험난한 곳이었습니다. 족제비가 항상 초록머리를 노리고 있었으니까요. 초록머리의 보호자가 된 잎싹은 초록머리를 최고의 파수꾼으로 키워 냅니다. 그리고 시간이 지날수록 족제비 애꾸눈에 대한 잎싹의 시각도 변화하게 됩니다. 족제비도 자식을 살리기 위해 헌신하는 부모라는 것을……. 잎싹은 초록머리를 남쪽으로 떠나 보내고, 족제비 새끼의 먹잇감이 되어 주기 위해 족제비에게 자신의 목숨을 내놓습니다.

이 책을 읽으면서 자유를 누리기 위해서는 많은 일들을 참아 내야 한다는 것을 알게 되었습니다. 그리고 잎싹의 희생 정신과 부모님이 우리에게 베푸는 사랑이 닮았다는 것도 깨달았습니다. 저도 잎싹처럼 어려운 일이 닥쳐도 씩씩하게 견뎌 낼 수 있는 지혜와 용기를 가진 사람으로 자라나야겠습니다.

♥ 공감 17 | ⌄   💬 댓글 3 | ⌃

↳ **호야** 잎싹과 초록머리가 행복하게 살아가는 결말이 될 줄 알았는데 마지막 장면이 너무 충격적이어서 펑펑 울었어요.

↳ **토리** 자신의 희생을 행복하게 받아들이는 잎싹의 모습을 보고 대단하다고 생각했어요.

↳ **짱아** 만화 영화도 보셨나요? 저는 책으로 먼저 읽고 만화 영화를 보았는데 더한 감동을 받았습니다. 만화 영화로도 꼭 보세요.

확인 이 내용이 담긴 디지털 매체는 인터넷 ㄱ ㅅ ㅍ 이다.

3

주차

▶ 이 글을 읽은 민주는 다음과 같은 생각을 하였습니다. 민주와 비슷한 생각이 담긴 댓글은 누가 썼는지 ○표를 하세요.

> 민주: 족제비 새끼들을 살리는 데 꼭 잎싹의 희생이 필요했을까 하는 아쉬움이 남았어요. 잎싹도 초록머리처럼 행복하게 살기를 바랐는데 너무 슬펐어요.

| 호야 | 토리 | 짱아 |

▶ 인터넷 게시판에 독서 후기를 쓸 때 주의할 점으로 알맞은 것의 기호를 쓰세요.

> ㉮ 글의 줄거리만 쓴다.
> ㉯ 어느 한 부분의 내용만 길게 쓴다.
> ㉰ 조회 수를 늘리기 위해 흥미 위주로만 쓴다.
> ㉱ 저작권이 있는 자료를 올릴 때에는 출처를 밝혀 쓴다.

▶ 인터넷 게시판의 독서 후기를 읽고 내 생각이나 느낌을 댓글로 써 보세요.

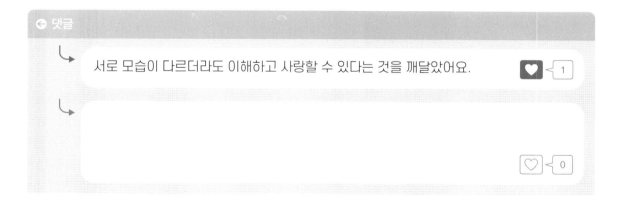

인터넷 게시판에 독서 후기를 쓸 때 주의할 점

- 줄거리를 간단하게 소개하고 생각이나 느낌을 함께 쓴다.
- 어떤 한 부분에 대한 내용만 쓰기보다는 전체의 느낌을 골고루 쓴다.
- 저작권이 있는 내용이나 자료를 이용할 때에는 반드시 출처를 밝힌다.
- 제목은 흥미를 끌 만한 내용으로 붙인다.

② 인터넷 백과사전을 읽고 카드 뉴스 완성하기

황새, 정이품송, 우포늪

천연기념물이란 학술 및 관상적 가치가 높아 「문화재보호법」에 의해 지정된 동물, 식물, 지질·광물 및 천연 보호 구역 등의 국가 지정 문화재를 말해요. 황새와 정이품송, 우포늪에 대한 백과사전 내용을 살펴보고 카드 뉴스를 완성해 보세요.

ⓔ 똑똑백과사전   사전 소개 | 연표

황새

지정종목	천연기념물
멸종위기등급	환경부 멸종위기 야생생물 1급
분포지	러시아, 중국, 대만, 한국 등

'큰 새'라는 뜻의 '한새'로 불린 천연기념물 황새는 암수 모두 검은색을 띤 날개의 일부를 제외하고 몸 전체는 흰색이며, 다리는 붉은색을 띤다.

황새는 민물과 습지대 그리고 때때로 가까운 갯벌에서 물고기와 작은 동물을 잡아먹고 산다. 하지만 논밭의 지나친 농약 사용으로 인한 곤충들의 죽음과 야생동물의 먹이 감소가 원인이 되어 그 수가 매우 줄어들었다. 이러한 생태계 파괴로 다른 종보다 먹이 잡는 기술이 좋지 않은 황새는 빨리 사라질 수밖에 없었다.

충북 청주시 흥덕구 강내면에 위치한 황새 생태 연구원에서는 황새를 복원해 2022년 1월 현재까지 155마리를 야생으로 돌려보냈다.

확인 이 내용이 담긴 디지털 매체는 인터넷 ⬚ⅱⅱⅱ 이다.

보은 속리 정이품송

지정종목　천연기념물
지정일　　1962년 12월 7일
소재지　　충북 보은군 속리산면 상판리
종류/분류　식물, 소나무
크기　　　높이 15m, 가슴높이의 둘레 4.5m
수명　　　약 500~600년

1464년(세조 10)에 세조가 법주사로 행차할 때 타고 있던 가마가 이 소나무 아래를 지나게 되었다. 그런데 늘어진 가지 때문에 가마가 지나갈 수 없어 모두 난처해하고 있을 때 신기하게도 소나무 가지가 스스로 올라가 세조가 탄 가마가 무사히 지나갈 수 있었다. 그 뒤 세조가 이 소나무에 정이품의 벼슬을 내려 '정이품송'이라는 이름을 얻었다는 이야기가 전해진다. 예전에는 정이품송 특유의 원뿔형 모습이었으나 1993년 강풍에 좌측 앞쪽 가지가, 2004년 폭설에 좌측 위쪽 가지가 피해를 입어 이후 지지대를 세워 놓았다.

창녕 우포늪 천연 보호 구역

지정종목　천연기념물
지정일　　2011년 1월 13일
크기　　　3,438,056m²

경상남도 창녕군 유어면 우포늪길에 있는 우리나라 최대의 자연 습지로, 2008년부터 실시되고 있는 따오기 복원 사업이 추진되고 있는 곳이기도 하다. 또, 환경부가 멸종 위기종으로 지정해 보호하고 있는 가시연꽃·자라풀 등 168종의 식물과 각시붕어 등 28종의 어류, 두더지, 족제비 등 12종의 포유류 등 1200여 종의 다양한 동식물이 서식하고 있는 중요한 곳이다. 1997년 7월 환경부에 의해 생태계 특별 보호 구역으로 지정되었다.

사전(辭典)과 사전(事典)의 차이점

- 사전(辭典): 국어사전, 한자사전과 같이 언어의 해석, 어원, 철자, 발음 등 모든 언어에 관한 지식을 설명한 것이다.
- 사전(事典): 각 분야에 관한 지식을 설명한 것이라는 이유에서 언어 사전과 구별하여 오늘날에는 일반적으로 백과사전(百科事典)이라 부른다.

▶ 인터넷 백과사전에서 찾을 수 있는 정보로 알맞은 것에 모두 ○표를 하세요.

> 황새의 수가 줄어든 원인

> 보은 속리 정이품송을 심은 까닭

> 우포늪이 생태계 특별 보호 구역으로 지정된 때

▶ 이와 같은 백과사전에 대한 설명으로 알맞은 것의 기호를 쓰세요.

> ㉮ 언어의 해석, 어원, 철자, 발음 등 모든 언어에 관한 지식을 설명한 것이다.
> ㉯ 각 분야에 관한 지식을 설명한 것이다.
> ㉰ 한자로는 사전(辭典)이라고 쓴다.

활동 1 온라인 대화방에서 외국인 친구가 한국의 천연기념물에 대해 알려 달라고 합니다. 백과 사전 자료를 참고하여 소개할 내용을 써 보세요.

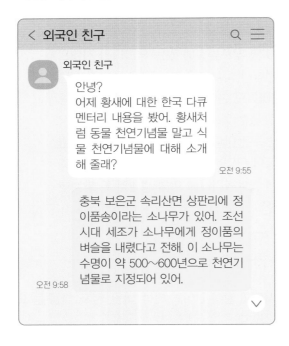

외국인 친구

안녕?
어제 황새에 대한 한국 다큐멘터리 내용을 봤어. 황새처럼 동물 천연기념물 말고 식물 천연기념물에 대해 소개해 줄래?
오전 9:55

충북 보은군 속리산면 상판리에 정이품송이라는 소나무가 있어. 조선 시대 세조가 소나무에게 정이품의 벼슬을 내렸다고 전해. 이 소나무는 수명이 약 500~600년으로 천연기념물로 지정되어 있어.
오전 9:58

외국인 친구

아하, 그렇구나. 그럼 혹시 천연 보호 구역으로 지정된 천연기념물도 알고 있니?
오전 10:00

활동 2 인터넷 백과사전 내용을 참고하여 사진 자료에 알맞게 천연기념물을 소개하는 카드 뉴스를 완성해 보세요.

천연기념물이란

학술 및 관상적 가치가 높아 「문화재보호법」에 의해 지정된 동물, 식물, 지질·광물 및 천연 보호 구역 등의 국가 지정 문화재를 말합니다.

황새

정이품송

우포늪

우포늪은 경상남도 창녕군에 있는 자연 습지로, 따오기 복원 사업이 추진되고 있는 천연기념물입니다.

❶ 인터넷 백과사전을 읽고 웹툰 그리기

머피의 법칙이 뭐예요

운이 나쁜 일이 자꾸 나에게 일어날 때 '아, 머피의 법칙!'이라고 외치는 경우가 있어요. 인터넷 백과사전에서 '머피의 법칙'에 대해 찾은 내용을 바탕으로 하여 상황에 어울리는 웹툰을 그려 보세요.

왜 나한테만 일어날까, 머피의 법칙

친구의 생일날 약속 시간에 늦어서 서둘러 나왔는데 집에 선물을 놓고 왔을 때, 학교 급식 시간 음식을 받는데 맛있는 반찬이 내 앞에서 딱 떨어졌을 때 우리는 이렇게 말하곤 한다.

"아, 머피의 법칙이야."

이처럼 우리는 일상생활에서 계속 하는 일마다 꼬이게 될 때 '머피의 법칙'이란 말을 곧잘 사용한다. 과연 머피의 법칙이 뭘까?

사전에는 '하고자 하는 일이 우연히 나쁜 방향으로만 거듭 진행되는 현상을 이르는 말.'이라고 나오는데, '머피'란 미국의 공군 대위인 에드워드 머피에서 따온 말이다.

1949년 머피는 초음속 전투기 개발 실험에 직접 참여했다. 이 실험은 갑자기 속력을 높인 상황에서 조종사의 신체는 어떠한지, 충격이 어떠한지 등을 알아보는 실험이었다. 그러나 무슨 이유인지 실험은 번번이 실패하였다. 나중에 알게 된 실험의 실패 원인은 생각보다 단순했다. 바로 기술자가 전기선을 잘못 연결한 것이었다. 이때 머피는 "어떤 일을 할 때 여러 가지 방법 가운데에서 문제가 생길 수 있는 방법이 있다면 누군가는 꼭 그 방법을 사용한다."는 말을 하는데, 이것이 머피의 법칙이 되었다. 이 말은 잘못될 가능성이 있는 일은 결국 잘못된다는 뜻으로, 미리 철저하게 준비하는 것이 중요하다는 것을 강조하는 말이다.

이 실험으로 전투기 조종사의 안전 장치가 개발되었으며, 이 안전 장치는 자동차의 안전 장치 개발로 이어져 오늘날 우리가 안전하게 자동차를 탈 수 있게 되었다.

확인 이 내용이 담긴 디지털 매체는 인터넷 ⬚ ⬚ ⬚ ⬚ 이다.

▶ 인터넷 백과사전에서 찾은 정보로 알맞은 것에 ○표를 하세요.

머피의 법칙	샐리의 법칙	뉴턴의 법칙

▶ '머피의 법칙'과 관련 있는 내용으로 알맞은 것에 모두 ○표를 하세요.

'머피'란 미국의 전투기 이름에서 따온 말이다.	
머피가 참여한 실험과 관련되어 있다.	
미리 철저하게 준비하는 것이 중요하다는 것을 강조하는 말이다.	

활동 다음과 관련된 '머피의 법칙'을 떠올려 보고 어울리는 그림을 그려 웹툰을 완성해 보세요.

샐리의 법칙

• 머피의 법칙과 반대의 뜻을 담은 말로, 하고자 하는 일이 우연히 좋은 방향으로만 거듭 진행되는 현상을 가리킨다.
• 영화 〈해리가 샐리를 만났을 때〉의 여자 주인공 샐리에게 안 좋은 일들이 계속 일어나다가 결국엔 좋은 일이 생긴 것에서 유래된 말이다.

용돈을 올려 주세요

한 달에 용돈 2만 원을 받고 있는 지연이는 부모님께 용돈을 올려 달라고 말씀드렸어요. 그런데 부모님은 용돈을 올려 받아야 하는 이유를 설득력 있게 말하라고 하셨어요. 지연이가 되어 부모님께 부탁하는 글을 써 보세요.

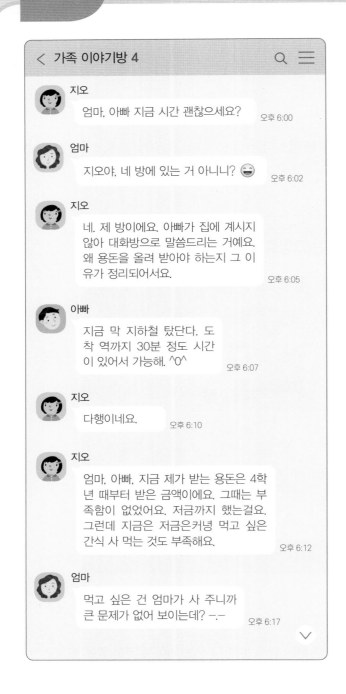

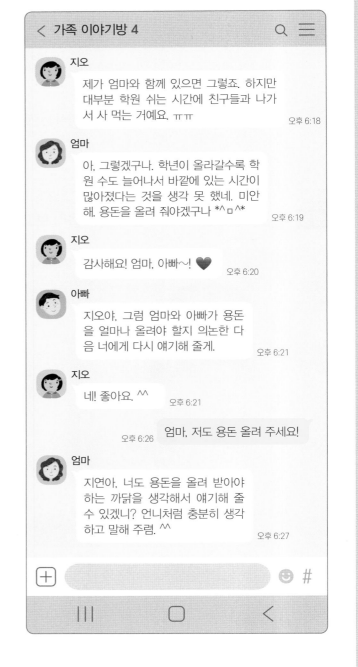

확인 이 내용이 담긴 디지털 매체는 ㅇ ㄹ ㅇ ㄷ ㅎ ㅂ 이다.

▶ 온라인 대화 내용으로 알맞은 것에 ○표를 하세요.

지오가 용돈을 올려 받아야 하는 까닭을 잘 말하여 부모님을 설득하였다.	
부모님께서는 지오에게 용돈을 2만 원 더 올려 주기로 약속하셨다.	

▶ 온라인 대화 속 이모티콘에 대한 내용으로 알맞은 것에 ○표를 하세요.

엄마의 말에 나타난 이모티콘을 통해 엄마의 (기분 , 이름)을 짐작할 수 있다.

활동 지연이가 되어 부모님께 용돈을 올려 달라는 내용의 부탁하는 글을 써 보세요.

이모티콘(그림말)에 대해 알아보기

• 인터넷이나 휴대 전화 등에서 자신의 기분이나 생각을 효과적으로 전달하기 위해 사용하는 기호(^.^ / -.- / ^0^)이다.
• 이모티콘은 상황에 적절하게 사용하면 좋지만 진지하거나 심각한 내용을 말하는 상황에는 어울리지 않는다.

1 다음은 어떤 광고에 속하는지 ○표를 하세요.

| 영상 광고 | 공익 광고 | 배너 광고 |

2 다음은 어떤 매체에 대한 설명인지 알맞은 말에 ○표를 하세요.

인터넷 (게시판 , 백과사전)은 인터넷을 통해 회원들 또는 불특정 다수의 사용자들 사이에서 의견이나 정보를 교환하거나 프로그램을 공유할 수 있도록 만든 것이다.

3 블로그를 찾다가 '좁은 아파트에서 키울 수 있는 강아지'라는 키워드를 검색해 보았습니다. 알맞지 <u>않은</u> 것은 무엇인가요? (   )

① 푸들   ② 리트리버   ③ 몰티즈
④ 시추   ⑤ 포메라니안

4 '김만덕'이라는 인물에 대해 알아볼 수 있는 매체로 알맞지 않은 것은 무엇인가요? (   )

① 블로그　　　　　② 카드 뉴스　　　　　③ 직접 면담
④ 인터넷 신문　　　⑤ 인터넷 백과사전

5 다음 중 인터넷 게시판에 독서 후기를 알맞게 쓴 친구의 이름을 쓰세요.

> 정후: 흥미를 끌 만한 제목을 붙여 전체의 느낌을 골고루 써야 해.
> 주아: 책 내용 일부와 그림을 그대로 베껴서 실감 나게 써야 해.

(   )

6 아파트 층간 소음을 줄이기 위한 안내문을 올리기에 알맞은 매체는 무엇인지 ○표를 하세요.

학교 누리집　　　　　인터넷 게시판　　　　　인터넷 백과사전

7 다음 사진의 내용을 블로그에 소개할 때 알맞은 키워드는 무엇인가요? (   )

▲ 황새

▲ 보은 속리 정이품송

▲ 창녕 우포늪 천연 보호 구역

① 식물　　　　　② 조선 시대　　　　　③ 우리나라 국보
④ 새의 종류　　　⑤ 천연기념물

스마트폰 없는 날

나영이는 집으로 돌아가면서 자기 머리를 쥐어박았어요.

'에잇, 괜히 한다고 해서는. 으이구, 밉상도 계속 봐야 하고……'

"뭐라고? 네가 토론 대회에 나간다고? 토론 대회에 나가는 게 좋은 경험이

될 테지만, 학원 숙제도 많은데, 둘 다 잘할 수 있을지 걱정스럽네."

나영이의 말을 들은 엄마의 반응도 영 탐탁지 않았어요.

"휴. 저도 괜히 나가기로 했나, 하는 생각을 하긴 했어요. 그래도 어떡하겠

어요? 이제 와서 안 나가겠다고 할 수도 없으니 열심히 해 봐야죠."

나영이가 주먹을 불끈 쥐며 말했어요. 그 모습을 본 엄마가 말씀하셨어요.

"그래, 이왕 결심한 거니 최선을 다했으면 좋겠다!"

"그런데 주제가 너무 재미없어요. 스마트폰 사회의 좋은 점과 나쁜 점이라

니! 너무 별로예요."

그런데 이게 웬일이에요? 엄마가 갑자기 손뼉을 치면서 좋아하셨어요.

"아이, 정말 좋은 토론 주제로구나. 너한테 딱이야."

나영이는 엄마의 반응에 입이 떡 벌어졌지요.

엄마와 얘기를 마친 나영이는 스마트폰을 가지고 방으로 들어갔어요. 스마트폰에는 수백 개의 메시지가 나영이의 손길을 기다리고 있었지요. 부지런히 읽어도 시간이 오래 걸릴 것 같았어요. 나영이는 한숨을 쉬며 스마트폰 불빛을 껐어요. 숙제를 하기에도 좀 빠듯한 시간이었기 때문이에요.

나영이는 다음 주 논술 수업에 가져 갈 숙제를 하느라 정신이 없었어요.

딩동, 딩동, 딩동, 딩동, ……

급한 와중에도 스마트폰 알림음이 계속 울리니 자꾸 눈길이 쏠렸어요. 궁금증을 못 참은 나영이가 결국 스마트폰을 손에 잡았어요. 그때 엄마가 잽싸게 달려와 스마트폰을 낚아채셨어요.

"엄마!"

"이게 바로 스마트폰 사회의 나쁜 점 아니니? 정신 집중을 해도 숙제를 끝낼까 말까 하는데 자꾸 알림음이 울리니 네 눈길이 쏠리잖니?"

나영이가 애타는 눈으로 엄마의 손에 있는 스마트폰을 바라보았어요.

"나영아, 이번 기회에 '스마트폰 없는 날'을 만들어 보면 어떻겠니? 네가 직접 스마트폰의 나쁜 점도 알 수 있을 것 같고, 네가 값진 경험을 하기 위해서는 참을성도 필요하다는 걸 알게 될 것 같아."

나영이는 깜짝 놀랐어요. 도저히 단 몇 분도 스마트폰 없이 살 자신이 없었거든요. 그렇지만 밉상 준영이를 이기려면 그 정도 노력쯤은 해야 할 것 같았어요. 그래서 나영이는 무겁게 고개를 끄덕였어요. 한 주에 단 하루, 스마트폰 없는 날을 살아보기로 했지요.

다음 날, 엄마한테 고스란히 스마트폰을 바친 나영이는 정말 죽을 맛이었어요. 하루에도 수백 번씩 손이 근질거리는 것 같았어요. 처음에는 허공에 문자를 쓰는 것처럼 손이 마구 제멋대로 움직였지요. 나영이는 자신이 이처럼 스마트폰에 흠뻑 빠져 있었다는 사실을 알고 무척 놀랐어요.

"엄마, 저 오늘 하루 정말 잘 참았으니까, 이제 돌려주시면 안 돼요?"

그날 저녁, 참고 참은 나영이는 엄마한테 부탁했어요.

"나영아, 정말 실망이야. 단 하루도 안 됐는데 이러는 건 너무하지 않니? 정말 참을성이 부족하구나. 이래서야 어떻게 어떤 일이든 해내겠니?"

엄마 말씀을 듣고 보니 맞는 말이었어요. 나영이는 힘겹게 고개를 끄덕이며 다시는 엄마한테 스마트폰 돌려 달라는 말을 하지 않겠다고 결심했지요.

그 다음날이 되니 좀 나아졌어요. 엄마가 그날은 스마트폰을 돌려주셨지만, 다른 때보다 스마트폰에 눈길이 덜 갔어요. 채팅하는 것을 줄이고 자기 할 일에 집중하니 평소보다 더 빨리 학원 숙제와 할 일을 마칠 수 있었어요.

'허, 스마트폰이 없으니 집중이 아주 잘되네?'

단 하루 반이 지났을 뿐인데, 전에는 쓸데없이 늘 끼고 살았던 스마트폰을 조금 덜 보게 되었어요. 채팅방에 들어가 보니, 언제나처럼 늘 같은 아이들이 늘 하던 이야기를 하고 있었어요.

'이번에 아예 스마트폰 사용 시간을 줄여 보자. 미리미리 공부도 하고, 학원, 학교 숙제를 빨리 마치니 남는 시간이 생겨서 괜찮은 것 같아.'

나영이는 스스로 스마트폰을 덜 보려고 노력했어요. 그러다 보니 정말 이전에는 없었던 여유 시간이 생기는 게 아니겠어요? 새벽 시간에도 학원 숙제를 하거나 다 못한 숙제를 학교에서 해치우느라 정신이 없었는데, 그런 나쁜 습관도 고칠 수 있었어요.

"나영아, 오늘은 스마트폰 없는 날이 아닌데, 스마트폰이 안 보이네?"

저녁 식사 자리에서 엄마가 나영이에게 말씀하셨어요.

"헤헤, 이제 스마트폰을 늘 갖고 있었던 습관을 고치려고 해요. 스마트폰이 없으니 나름 괜찮아요. 그 시간에 집중도 잘되고요."

"우리 나영이가 정말 달라졌네. 하하."

나영이의 변화에 흐뭇해하시며 엄마가 활짝 웃으셨어요.

이어지는 내용은 134쪽에 >>>

채팅의 늪에 빠져 하루에도 수백 건의 채팅을 하던 나영이가

스마트폰 사회의 나쁜 점에 대해 말해야 하는 토론자로 나선 것도

참 재미있는 일이었지요.

– 가치 동화 〈스마트폰 없는 날〉 중에서 –

4 주차

❶ 온라인 대화를 읽고 의견 쓰기
우리 학교 알뜰 시장

정아네 반은 학교 알뜰 시장에서 하기로 했던 재능 기부를 다른 활동으로 교체해야 할 상황이에요. 정아는 급하게 온라인 대화방을 통해 친구들과 의견을 나누고 있어요. 내가 정아네 반이라면 어떤 의견을 냈을지 써 보세요.

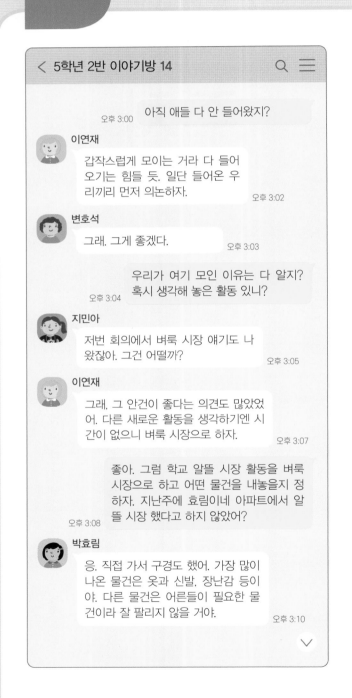

확인 이 내용이 담긴 디지털 매체는 ⬜ ⬜ ⬜ ⬜ ⬜ ⬜ 이다.

▶ 온라인 대화의 내용으로 알맞은 것에 ◯표를 하세요.

학교 알뜰 시장 활동 정하기	

학급 행사 장소와 시간 정하기	

▶ 정아네 반 친구들이 온라인 대화를 한 까닭은 무엇인지 기호를 쓰세요.

> ㉮ 빠른 문제 해결을 위해서
> ㉯ 재미있는 이야기를 몰래 나누기 위해서
> ㉰ 직접 만나서 의논하는 것보다 정확하게 의논할 수 있어서

활동 학교 알뜰 시장 활동으로 또 어떤 활동이 좋을지 내 의견을 써 보세요.

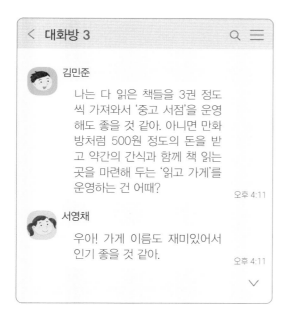

온라인 대화방을 통한 대화의 장단점	• 빠르게 소통할 수 있다.
	• 컴퓨터나 스마트폰만 있으면 시간과 공간의 제약을 받지 않는다.
	• 너무 많은 대화가 오가다 보면 중요한 내용을 놓칠 수 있다.
	• 주제를 정해 대화하다가 다른 내용으로 쉽게 빠질 수 있다.

☑ SNS와 블로그를 읽고 마인드맵으로 정리하기

세계의 음식, 중국 딤섬

중국 음식점에서 딤섬을 맛본 세나네 가족은 중국 음식 딤섬 사진을 SNS에 올리고, 딤섬에 대한 정보를 찾아보았어요. 블로그를 통해 알게 된 정보를 마인드맵으로 정리해 보세요.

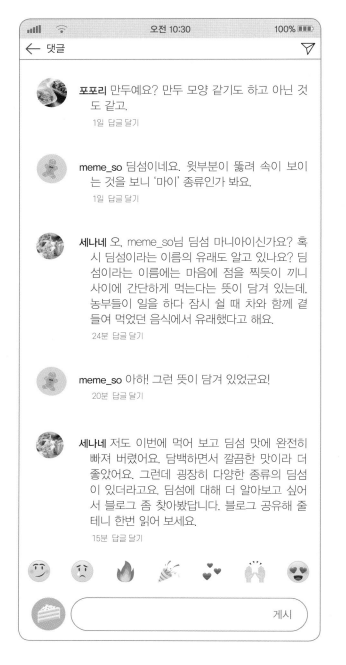

확인 이 내용이 담긴 디지털 매체는 누리 소통망(SNS)과 [ㅂ] [ㄹ] [ㄱ] 이다.

🏠 맛을 찾아 떠나는 세계 여행 × +

← → C

블로그 🔲 | 자료모음   내 블로그 | 이웃 블로그 | 블로그 홈   로그인

태그 | 안부

담백 깔끔 중국 음식, 딤섬

여행지기

맛을 찾아 떠나는 세계 여행의
여행지기입니다.

프로필 ▶

+ 이웃 추가

Q

● 여행지기   20○○. 12. 12. 17:39   URL 복사   + 이웃 추가 ⋮

안녕하세요? 오늘 떠날 여행지는 중국 광둥 지방입니다. 광둥 지방의 요리
는 상하이, 스촨, 베이징 요리와 더불어 중국 4대 요리로 불립니다. 광둥 지방
은 아열대 기후에 속하는 데다 16세기 말부터 유럽과의 교류로 인해 외국 문
화의 영향을 많이 받아 요리에도 서양 요리법이 결합된 독특함이 담겨 있습니
다. 여러 가지 대표적인 요리 가운데에서 '딤섬'에 대해 알아보겠습니다.

한국에서는 '딤섬'이라고 하면 만두
를 떠올리지만 딤섬은 만두뿐 아니라
간식과 같은 가벼운 음식을 모두 가
리킵니다. 이는 배가 부르게 먹는 것
이 아니라 '딤섬(點心)'이라는 이름처
럼 마음에 점을 찍듯이 끼니 사이에
간단하게 먹는다는 뜻을 지닙니다.

딤섬은 여러 가지 유래가 알려져 있지만 농부들이 일을 하다 잠시 쉴 때 차
와 함께 먹었다는 이야기가 가장 널리 알려져 있습니다.

딤섬의 종류
딤섬은 모양에 따라 부르는 이름이 여러 가지입니다. 우리나라의 왕만두처
럼 피가 두껍고 둥근 모양의 딤섬은 '바오', 피가 얇아 속 내용물이 훤히 들여
다보이는 딤섬은 '자오'라고 합니다. 이런 '바오'와 '자오'의 중간 형태로 피의
윗부분이 뚫려 마치 꽃봉오리처럼 보이는 딤섬은 '마이'라고 합니다.

딤섬의 재료
딤섬은 안에 무엇이 들어가느냐에 따라 이름도 다양합니다. 주로 채소가 들
어가면 '차이', 고기가 들어가면 '러우', 새우가 들어가면 '샤'가 붙습니다.

딤섬의 조리 방법
딤섬은 다양한 재료만큼 조리법도 여러 가지입니다. 찜통을 이용하여 찌기
도 하고, 기름에 바삭하게 튀기거나 맛있게 구워 먹기도 합니다.

목록

전체 보기(90)

아시아(26)
아프리카(11)
유럽(21)
오세아니아(6)
북아메리카(9)
남아메리카(17)

광둥 요리의 특징

• 해산물을 재료로 하는 요리가 많다.
• 맛이 신선하고 담백하며 쫄깃함을 그대로 살려 천연의 맛을 느낄 수 있다.
• 쇠고기, 서양 채소, 토마토 케첩, 우스터소스, 굴소스 등 서양 요리에 들어가는
  재료와 조미료를 사용한다.

▶ SNS에 소개한 음식은 무엇인지 ○표를 하세요.

중국 딤섬   멕시코 타코   터키 케밥

▶ 딤섬에 대한 내용으로 알맞지 <u>않은</u> 것에 ○표를 하세요.

모양과 재료에 따라 여러 가지 이름으로 부른다.	
딤섬 이름만으로는 재료와 모양을 구분할 수 없다.	
끼니 사이에 간단하게 먹는 음식을 가리킨다.	
농부들이 일을 하다 잠시 쉴 때 차와 함께 곁들여 먹었던 음식에서 유래했다.	

▶ 딤섬의 모양과 설명에 알맞게 이름을 쓰세요.

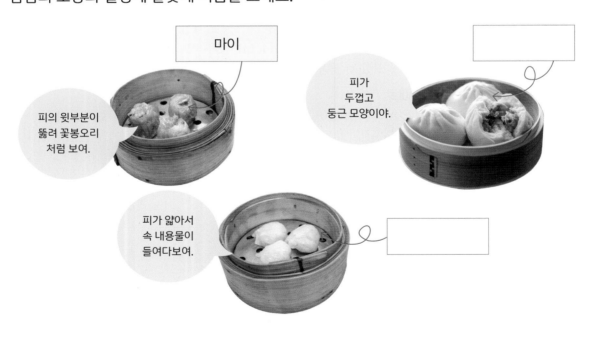

마이

피의 윗부분이 뚫려 꽃봉오리처럼 보여.

피가 두껍고 둥근 모양이야.

피가 얇아서 속 내용물이 들여다보여.

활동 블로그를 통해 알게 된 딤섬에 대한 정보를 마인드맵으로 정리해 보세요.

지역

이름에 담긴 뜻
배 부르게 먹는 것이 아니라 마음에 점을 찍듯이 끼니 사이에 간단하게 먹는다.

딤섬

주로 중국 광둥 지방에서, 점심 전후로 간단하게 먹는 음식을 통틀어 이른다.

유래
농부들이 일을 하다 잠시 쉴 때 차와 함께 곁들여 먹었던 음식에서 유래하였다.

딤섬의 이름	
모양에 따라	재료에 따라

1 웹툰을 읽고 순우리말 비 이름 짓기

여우비가 내려요

'여우비'처럼 비와 관련된 다양한 우리말들이 있어요. 웹툰을 보면서 비와 관련된 우리말에는 어떤 것들이 있는지 살펴보고, 우리말 비 이름에 어울리는 비가 내리는 모습을 떠올려 써 보세요.

비와 관련된 우리말

는개

안개비보다는 조금 굵고 이슬비보다는 가는 비.

달구비

빗발이 아주 굵게 쏟아지는 비.

잠비

여름에 일을 쉬고 낮잠을 잘 수 있게 하는 비라는 뜻으로, 여름비를 이르는 말.

확인 이 내용이 담긴 디지털 매체는 ☐ ☐ 이야.

▶ 비의 굵기가 가장 가는 비에 ○표를 하세요.

> 는개   이슬비   달구비

▶ 웹툰이 완성되기까지의 차례에 알맞게 번호를 쓰세요.

만화 설계도에 따라 스케치, 채색, 편집, 대사 넣기 등의 그림 작업을 한다.	
컴퓨터로 그린 그림을 인터넷에 올린다.	
만화를 그리기 전에 흥미를 끌 만한 소재를 찾아 시나리오를 작성한다.	

활동 순우리말 비 이름을 보고 어떻게 내리는 비의 모습을 말하는 것인지 상상하여 써 보세요.

먼지잼	실비	해비	도둑비
먼지나 잠재울 정도로 아주 조금 내리는 비.	실처럼 가늘고 길게 금을 그으며 내리는 비.		

웹툰 작가가 하는 일

- 만화를 그리기 전에 흥미를 끌 만한 소재를 찾아 시나리오를 작성한다.
- 시나리오에 따라 만화 설계도를 짠 다음 컷을 나누고, 스케치, 채색, 편집, 대사 넣기 등의 순서로 작업을 한다.
- 컴퓨터로 그린 그림을 인터넷에 올린다.

2 블로그를 읽고 카드 뉴스 만들기

세균과 바이러스, 너희는 누구니

세균과 바이러스는 우리 눈엔 보이지 않지만 엄청난 힘을 갖고 있어요. 심지어 사람의 생명까지 위협하는 무서운 존재예요. 세균과 바이러스에 대한 글을 읽고 새로 알게 된 정보를 카드 뉴스로 정리해 보세요.

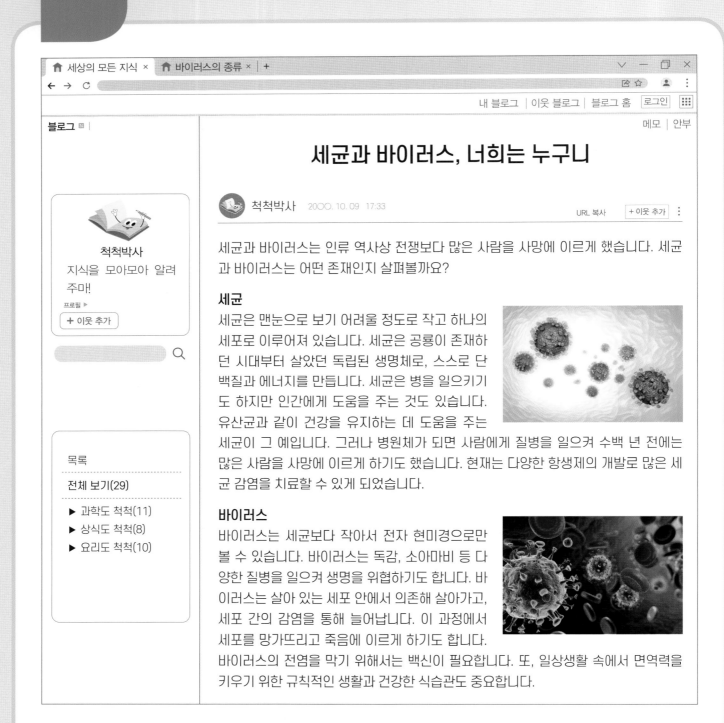

🏠 세상의 모든 지식 ×   🏠 바이러스의 종류 ×   +

내 블로그 | 이웃 블로그 | 블로그 홈   로그인

블로그 🔲   메모 | 안부

세균과 바이러스, 너희는 누구니

👤 척척박사   2000. 10. 09   17:33   URL 복사   + 이웃 추가

척척박사
지식을 모아모아 알려 주마!
프로필 ▶
+ 이웃 추가

🔍

목록

전체 보기(29)

▶ 과학도 척척(11)
▶ 상식도 척척(8)
▶ 요리도 척척(10)

세균과 바이러스는 인류 역사상 전쟁보다 많은 사람을 사망에 이르게 했습니다. 세균과 바이러스는 어떤 존재인지 살펴볼까요?

세균
세균은 맨눈으로 보기 어려울 정도로 작고 하나의 세포로 이루어져 있습니다. 세균은 공룡이 존재하던 시대부터 살았던 독립된 생명체로, 스스로 단백질과 에너지를 만듭니다. 세균은 병을 일으키기도 하지만 인간에게 도움을 주는 것도 있습니다. 유산균과 같이 건강을 유지하는 데 도움을 주는 세균이 그 예입니다. 그러나 병원체가 되면 사람에게 질병을 일으켜 수백 년 전에는 많은 사람을 사망에 이르게 하기도 했습니다. 현재는 다양한 항생제의 개발로 많은 세균 감염을 치료할 수 있게 되었습니다.

바이러스
바이러스는 세균보다 작아서 전자 현미경으로만 볼 수 있습니다. 바이러스는 독감, 소아마비 등 다양한 질병을 일으켜 생명을 위협하기도 합니다. 바이러스는 살아 있는 세포 안에서 의존해 살아가고, 세포 간의 감염을 통해 늘어납니다. 이 과정에서 세포를 망가뜨리고 죽음에 이르게 하기도 합니다.
바이러스의 전염을 막기 위해서는 백신이 필요합니다. 또, 일상생활 속에서 면역력을 키우기 위한 규칙적인 생활과 건강한 식습관도 중요합니다.

확인 이 내용이 담긴 디지털 매체는 [ㅂ] [ㄹ] [ㄱ] 이다.

▶ 블로그에서 설명한 내용으로 알맞은 것에 모두 ○표를 하세요.

세균	독감	바이러스

▶ 관련 있는 것끼리 알맞게 선으로 이으세요.

세균	•	•	스스로 수를 늘릴 수 없음.
바이러스	•	•	스스로 수를 늘릴 수 있음.

활동 이 글을 통해 새롭게 알게 된 정보를 카드 뉴스로 정리해 보세요.

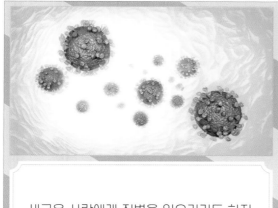

세균은 사람에게 질병을 일으키기도 하지만 인간에게 도움을 주는 이로운 역할도 한다.

코로나19 백신의 예방 원리	• 백신을 접종하면 백신에 저항하는 면역 세포를 만든다. • 면역 세포는 바이러스를 제거하는 항체를 만든다. • 호흡기를 통해 코로나19 바이러스가 우리 몸에 들어오면 항체가 이를 제거한다.

■ 인터넷 백과사전을 읽고 카드 뉴스 완성하기

콜로세움

세계에는 다양한 건축물이 있어요. 그 중에서 이탈리아 콜로세움은 세계 7대 경이로운 건축물 중 하나예요. 이탈리아 콜로세움에 대한 백과사전 자료를 살펴보고 콜로세움 여행지를 알리는 카드 뉴스를 만들어 보세요.

ⓔ 똑똑백과사전　　　🔍　　　　　　　　사전 소개 | 연표 ☰

콜로세움
이탈리아 로마의 상징인 거대한 원형 경기장

소재지	유럽 > 이탈리아 > 로마
시대	80년
종류	원형 경기장
유형	유적지
테마	세계 유산

위대한 제국, 로마

이탈리아의 수도인 로마는 고대 유적지와 건축물들이 남아 있는 곳입니다. 또한 그리스와 함께 유럽 문명의 기원지로 오랜 역사와 풍부한 유물, 뛰어난 자연 경관으로 유네스코 세계 유산을 가장 많이 지닌 나라입니다.

콜로세움의 유래

'콜로세움'이라는 이름은 근처에 네로의 거대한 동상 '콜로수스(colossus)'가 있었던 데에서 유래했다는 말과 '거대하다'는 뜻의 이탈리아어 '콜로살레(Colossale)'와 어원이 같다는 말도 있습니다. 정식 명칭은 '플라비우스 원형 경기장'인 콜로세움은 이탈리아 로마에 있는 건축물입니다. 플라비우스 왕조 베스파시아누스 황제가 짓기 시작하여 그의 아들 티투스 황제가 80년에 완성한 곳입니다.

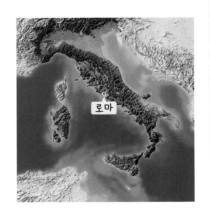

로마

확인 이 내용이 담긴 디지털 매체는 인터넷 ⬚ ⬚ ⬚ ⬚ 이다.

로마 시대 개방성의 상징

베스파시아누스 황제는 네로 시대의 느슨해진 국가 질서를 회복한 후, 네로의 황금 궁전을 헐고 인공 호수가 있던 자리에 콜로세움을 지었습니다. 당시 베스파시아누스 황제는 평민 출신의 신분이었습니다. 보잘것없는 자신을 황제로 받들어 준 시민을 위한 공공 오락 시설을 마련한 것입니다. 그렇기에 이 곳은 시민들의 지지를 얻는 수단이 되었고, 신분 차이를 극복한 로마 제국의 개방성을 상징하기도 합니다.

콜로세움의 규모

고대 로마인들의 뛰어난 건축 공학 기술을 엿볼 수 있는 콜로세움은 긴 쪽 지름이 약 187m, 짧은 쪽 지름이 약 155m, 둘레는 약 527m, 높이는 약 48m 정도로 4층의 타원형 건물입니다. 1층은 도리아식, 2층은 이오니아식, 3층은 코린트식 기둥으로 각 층마다 양식을 달리했으며 지붕은 없고 외벽은 아치 80개가 둘러싸고 있습니다. 돌과 콘크리트로 세운 완전한 독립 구조물인 콜로세움에서는 수천 회에 걸친 검투사들 시합과 맹수들과 인간의 싸움, 모의 해전 등을 벌였다고 합니다. 시민들은 계단식으로 된 관람석에 앉아 가운데에 마련된 광장의 경기를 즐겼습니다. 최대 5만 명까지 들어가는 어마어마한 규모를 자랑하는 콜로세움은 지은 지 2000년이 다 되어 가는 건물로 로마 제국의 역사를 통틀어 가장 웅장하고 위대한 건축물 중 하나인데, 안타깝게도 지금은 전체의 일부만 남아 있습니다.

도리아식

이오니아식

코린트식

디지털 시대
백과사전의 변화

· 대중 매체의 변화로 인해 백과사전도 디지털화 되고 학교 교육도 디지털 러닝 시스템으로 이루어지면서 방대한 자료들의 인터넷 검색이 가능해졌다.

· 디지털 시대를 맞아 CD롬이나 USB와 같은 새로운 매체에 내용이 실리기도 하고 온라인 백과사전 서비스도 이루어지고 있다.

▶ 인터넷 백과사전의 내용으로 알맞은 것에 ◯표를 하세요.

콜로세움의 층별 안내도	☐
콜로세움의 규모	☐
콜로세움을 관람하는 데 드는 비용	☐

▶ 이 글을 읽고 새롭게 알아보고 싶은 내용을 인터넷 백과사전으로 찾아보려고 합니다. 찾아보려는 내용으로 알맞은 것의 기호를 두 가지 쓰세요.

⑦ '콜로세움'이라는 이름의 유래에 대한 내용
⑭ 콜로세움의 지름과 둘레, 높이에 대한 내용
⑮ 도리아식, 이오니아식, 코린트식 양식이 쓰인 다른 건축물에 대한 내용
⑯ 검투사들 시합과 맹수들과 인간의 싸움, 모의 해전 같은 대규모 전투 장면에 대한 실제 기록 내용

활동 1 인터넷 백과사전의 자료를 읽고 블로그에 쓸 글의 키워드를 뽑아 보려고 합니다. 알맞은 내용에 모두 ◯표를 하세요.

건축물	콜로세움	그리스
인공 잔디	경마장	세계 유산

활동 2 인터넷 백과사전 내용을 참고하여 사진 자료에 알맞게 '콜로세움'을 알리는 카드 뉴스를 완성해 보세요.

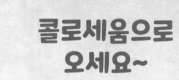

세계 7대 경이로운 건축물 중
하나인 콜로세움으로
떠나 볼까요?

로마 제국의 역사를 통틀어
가장 웅장하고 위대한 건축물 중
하나인 콜로세움은 안타깝게도
지금은 전체의 일부만 남아 있습니다.

2 광고를 읽고 온라인 대화하기

쭉쭉 청바지 광고

효재의 어머니는 신문을, 효재는 텔레비전을 보고 있는데 신문과 텔레비전에서 '쭉쭉 청바지'를 알리는 광고가 나왔어요. 신문 광고와 텔레비전 광고를 보고, 온라인 대화 방에 청바지 광고에 대한 생각을 써 보세요.

● 신문 광고

● 텔레비전 광고

확인 이 내용이 담긴 디지털 매체는 신문과 ☐ ☐ ☐ ☐ 광고이다.

4
주차

▶ 신문과 텔레비전에서 광고하고 있는 제품은 무엇인지 ○표를 하세요.

운동화	청바지	허리띠

▶ 신문 광고와 텔레비전 광고에 대한 알맞은 내용을 모두 골라 ○표를 하세요.

텔레비전 광고는 영상을 통해 제품을 효과적으로 보여 줄 수 있다.	
신문 광고는 사진과 글을 통해 제품에 대한 정보를 전달한다.	
신문 광고는 영상뿐 아니라 음악과 자막을 효과적으로 사용할 수 있다.	

활동 신문 광고를 보고 친구들이 온라인 대화방에서 이야기를 나누고 있어요. 광고에 대한 내 생각은 어떠한지 써 보세요.

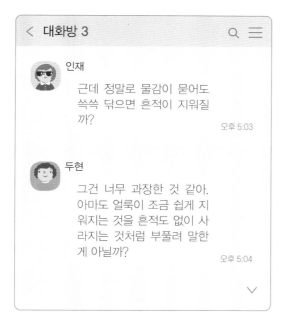

광고의 발달

- 미디어의 발달로 신문, 라디오, TV 등이 대부분이었던 시대에서 소셜 네트워크 서비스(SNS)라는 새로운 미디어가 등장했다.
- 오늘날 소비자는 텔레비전보다 컴퓨터나 스마트폰을 훨씬 많이 사용하므로 사진과 글뿐만 아니라 음악이나 자막을 효과적으로 사용할 수 있는 온라인 광고를 통한 소통이 활발하게 이루어지고 있다.

1 인터넷 게시판을 읽고 댓글 달기

체육관 이름 짓기

재성이네 학교에서는 다음 달에 있을 실내 체육관 준공식을 맞이하여 체육관 이름을 추천받아 전교생 투표로 결정하기로 했어요. 체육관의 특징에 어울리는 이름을 생각해 보고 댓글로 써 보세요.

공지 사항

🏠 학교 소식 > 공지 사항   ↗ 인쇄

**○○초등학교의 새 친구
체육관 이름을 지어 주세요**

작성자: 교장 이문해   작성일 20○○.03.15. 10:40 | 댓글 3 | 조회수 79

우리 학교 학생들의 오랜 꿈이 담긴 체육관 준공식을 20○○년 ○월 ○일에 합니다. 우리 체육관은 야구 명문인 학교의 전통을 담아 지붕을 둥근 야구공 모양으로 만들었습니다. 그리고 실내에 친환경 인조 잔디를 깔았습니다. 앞으로는 겨울에도 잔디밭 위에서 축구를 할 수 있을 것입니다.

여러분이 사용하게 될 이 체육관의 이름을 직접 지어 주세요.

오늘부터 일주일 간 체육관 이름과 그렇게 지은 까닭이나 이름에 담긴 의미를 댓글로 간단히 제안해 주시기 바랍니다. 여러분이 제안한 이름 중에서 다섯 가지를 뽑아 다음 달에 있을 전교 어린이 회장 선거일에 체육관 이름도 함께 투표할 예정입니다. 가장 많은 표를 받은 체육관 이름을 제안한 학생에게는 학교에서 준비한 깜짝 선물도 전달할 예정입니다. 기대하셔도 좋습니다!

우리 학교 모든 학생 여러분의 많은 참여 바랍니다.

○○ 초등학교장 이문해

확인 이 내용이 담긴 디지털 매체는 인터넷 ⬚ ⬚ ⬚ 이다.

▶ 인터넷 게시판의 내용으로 알맞은 것에 ○표를 하세요.

> 체육관 준공일을 맞이하여 학교 측에서 체육관 (이름 , 장소)을/를 전교
> 생에게 추천받는다고 하였다.

▶ 인터넷 게시판에 나타나지 않는 내용은 무엇인지 기호를 쓰세요.

> ㉮ 글의 제목이 드러나 있다.
> ㉯ 글을 쓴 목적이 드러나 있다.
> ㉰ 글을 쓴 사람이 드러나 있다.
> ㉱ 글의 이해를 높이기 위한 도표 자료가 드러나 있다.

활동 체육관의 특징에 어울리는 이름을 생각하여 그렇게 지은 까닭과 함께 댓글로 써 보세요.

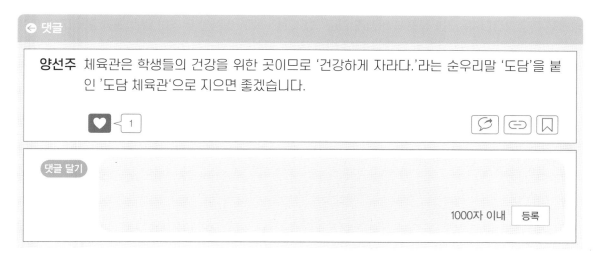

양선주 체육관은 학생들의 건강을 위한 곳이므로 '건강하게 자라다.'라는 순우리말 '도담'을 붙인 '도담 체육관'으로 지으면 좋겠습니다.

댓글 달기

1000자 이내 등록

인터넷 게시판 예절
- 게시물의 내용을 잘 드러낼 수 있는 알맞은 제목을 쓴다.
- 게시판의 글은 전달하려는 생각이 명확하게 드러나도록 쓴다.
- 사실로 확인되지 않은 불명확한 내용은 올리지 않는다.
- 알맞은 표현과 올바른 맞춤법을 사용하여 쓴다.

4회 사회

② 인터넷 게시판을 읽고 질문에 답글 쓰기

직업군인이 궁금해요

수열이는 자신의 꿈인 직업군인에 대해 더 자세히 알아보기 위해 인터넷 게시판에 궁금한 점을 남겼어요. 수열이가 주고받는 내용을 살펴보고 수열이의 질문을 한 가지 선택하여 답글을 써 보세요.

똑똑In   물어보기

Q 직업군인에 대해 알려 주세요.   ⋮

작성자 비공개   작성일 20○○.12.26. 12:10   댓글 5 조회수 63   💬 1:1

안녕하세요. 제 꿈이 원래는 요리사였는데 최근 방송에서 군인 서바이벌 프로그램을 보고 군인에 대해 관심을 갖기 시작했습니다. 성인이 되면 다녀오는 군대가 아니라 직업으로 생각하고 있습니다. 이곳저곳에서 정보를 알아보고 있는데 전문적으로 알아보기가 쉽지 않네요. 참고로 저는 육군과 공군에 관심이 있습니다. 직업군인이 되는 방법을 알려 주세요.

☑ 질문자가 채택한 답변

A 직업군인에 관심이 있는 학생이군요. 저는 현재 대전에서 근무하고 있는 직업군인입니다. 직업군인이 되는 방법은 다양합니다. 육군과 공군에 관심 있다고 했으니 그 쪽에 초점을 맞추어 알려 줄게요. 사관학교를 졸업해서 장교(군인)가 되거나, 군입대를 통해 되는 방법, 부사관으로 지원하는 방법 등 모두 직업군인이 될 수 있는 길입니다.

Q⁺ 질문자님의 추가 질문

몇 가지 더 질문 드려도 될까요?

A⁺ 답변자님의 추가 답글

그럼요.

Q⁺ 질문자님의 추가 질문

부사관은 무엇이고 부사관이 되면 무슨 일을 하나요?

확인 이 내용이 담긴 디지털 매체는 인터넷 Q&A [ㄱ][ㅅ][ㅍ]이다.

답변자님의 추가 답글

부사관은 장교와 병사 사이 중간자 역할을 하는 위치라고 할 수 있습니다. 분대 또는 소대와 같은 규모의 집단을 지휘하거나 전투 기본 교육, 보급·정비, 행정, 부대 관리와 같은 일을 합니다. 부사관은 따로 시험을 봐서 되는 방법도 있고, 군대에서 군인이 제대를 하지 않고 부사관에 지원하여 올라갈 수 있는 방법도 있습니다.

질문자님의 추가 질문

그럼 육사에 들어가서 장교가 되면 무슨 일을 하나요?

답변자님의 추가 답글

장교는 지휘관과 참모를 번갈아 합니다. 지휘관은 자신이 맡은 부대의 총책임자로 부대원들의 훈련을 지도하거나 여러 가지 행정 업무, 부대 훈련 현황 및 성과를 상급 부대장에게 보고하고, 부대가 맡은 작전 계획을 작성하거나 훈련을 관리합니다. 참모는 지휘관을 도와 부대의 작전에 필요한 행정 업무를 관리하고 있습니다.

질문자님의 추가 질문

답글 감사드립니다. 마지막 질문 하나만 더 드릴게요. 체력이 중요하다고 들었는데 군대에서 필요한 체력은 무엇일까요?

답변자님의 추가 답글

직업군인에게 체력은 기본이죠. 군대에서 필요한 체력은 계속되는 훈련을 이겨 내는 근력과 지구력이 가장 중요하다고 보면 됩니다. 지금부터 골고루 잘 먹고 운동도 꾸준히 해서 체력을 키운다면 반드시 좋은 결과가 있을 것이라고 생각합니다. 작성자 님의 꿈을 응원합니다.

Q&A와 FAQ 알아보기

- Q&A: 'Question & Answer(질문과 답변)'라는 뜻으로 회사나 학교, 단체의 누리집이나 인터넷 게시판에 질문을 하면 그것에 대한 답변을 받을 수 있다.
- FAQ: 'Frequently Asked Question(자주 묻는 질문)'이라는 뜻으로, 사람들의 질문이 반복되거나 대부분의 사람들이 궁금해할 만한 내용을 정리해 놓았기 때문에 게시판에 궁금한 내용을 질문하기 전에 찾아보면 좋다.

▶ 작성자가 인터넷 게시판에 올린 글은 무엇인지 ○표를 하세요.

> 자신의 꿈인 (직업군인 , 경찰관)에 대한 질문을 올렸다.

▶ 이와 같은 인터넷 게시판에 대한 설명으로 알맞은 것의 기호를 쓰세요.

> ㉮ 인터넷을 통해 질문과 답변을 주고받는 형식이다.
> ㉯ 전문가에게 편지를 쓰고 개별적으로 답장을 받는 형식이다.
> ㉰ 상대방을 직접 만나 궁금한 내용을 주고받는 형식이다.

▶ 질문자의 질문에 대한 답글을 알맞게 정리하지 <u>못한</u> 것에 ○표를 하세요.

> Q 직업 군인이 되는 방법은 무엇인가?
>
> A 사관학교를 졸업해서 되는 방법만 있음.

> Q 군대에서 필요한 체력은 무엇인가?
>
> A 건강한 체력은 기본이고 근력과 지구력이 가장 필요함.

활동 1 다음은 무엇에 대한 장점인지 알맞은 것에 ○표를 하세요.

- 답글을 쓰는 사람이 전문가라면 정보에 대한 신뢰성이 높아질 수 있다.
- 해당 내용을 잘 아는 사람에게 자세한 답글을 받을 수 있다.
- 다른 궁금한 질문도 추가해서 할 수 있다.

| 작성자가 얻고자 하는 정보를 직접 검색했을 때 | |
| 작성자가 얻고자 하는 정보를 게시판에 질문했을 때 | |

활동 2 인터넷 Q&A 게시판의 특징을 잘 나타낼 수 있는 말을 간단하게 표현해 보세요.

알고 싶은 정보의 지식을 검색해 주는 지식 박사

활동 3 인터넷 게시판에 나타난 다음 질문에 대한 추가 정보를 검색해 보려고 합니다. 매체에서 알맞은 내용을 찾아 답글을 써 보세요.

Q&A 게시판 >>>

Q 체력이 중요하다고 들었는데 군대에서 필요한 체력은 무엇일까요?

A

■ 인터넷 백과사전을 읽고 광고 만들기

놀라운 숯

참숯 가마를 운영하는 아윤이 삼촌이 숯 한 자루를 엄마에게 선물하셨어요. 엄마는 숯이 얼마나 쓸 데가 많은지 모른다며 좋아하셨지요. 숯에 대해 자세히 알아보고 블로그에 올릴 숯 광고를 만들어 보세요.

ⓔ 똑똑백과사전 　　　🔍　　　사전 소개 ｜ 연표 ☰

새카맣다 놀리지 마라, 숯

요약 나무를 숯가마에 넣어 구워 낸 검은 덩어리의 연료.

숯은 참나무, 밤나무, 소나무 등을 숯가마에 넣어서 구워 낸 것이다. 특히 참나무로 만든 '참숯'을 가장 좋은 숯으로 여긴다. 우리 조상들은 집집마다 숯을 모아 저장해 두고 여러 가지 목적으로 이용하였다. 좋은 숯은 보통 불똥이 튀지 않고, 타다가 꺼지는 일이 없어서 생활에서 귀한 연료로 쓰였다. 또 숯을 숯다리미에 담아 옷을 다리고, 화로에 담아 방 안을 따뜻하게 유지하기도 했다. 이 외에도 숯에는 다양한 효능이 있어 지금도 생활에 널리 이용되고 있다.

습도 조절
숯의 표면에는 갈라진 틈과 구멍이 많다. 이 틈 사이로 습기를 빨아들이고 내뱉어서 건조하거나 습할 때 습도를 적절하게 조절해 주어 천연 가습기로 이용한다.

냄새 제거
숯은 좋지 않은 냄새를 없애는 기능도 뛰어나다. 냉장고나 신발장 등 밀폐된 곳에 숯을 넣어 두면 음식 냄새나 나쁜 냄새를 없애 준다.

공기 정화와 노폐물 제거
숯은 공기를 깨끗하게 하여 숲에서 맑은 공기를 마실 때처럼 상쾌함을 주고, 각종 먼지나 노폐물을 걸러 쾌적한 환경을 만들어 준다. 우리 조상들은 이를 이용하여 장을 담글 때나 김장을 할 때 숯을 넣어 음식을 오랫동안 신선하게 보관했다.

확인 이 내용이 담긴 디지털 매체는 인터넷 [ㅂ][ㄱ][ㅅ][ㅈ] 이다.

▶ 인터넷 백과사전의 내용으로 알맞은 것에 ○표를 하세요.

| 숲의 효능 | 숯을 만드는 방법 | 숯가마의 비밀 |

▶ 인터넷 백과사전 내용을 참고하여 다음 빈칸에 알맞은 말을 써넣으세요.

> • 숯은 여러 효능이 있어 우리 조상들은 오래 전부터 숯을 저장해 다양하게 이용하였다. 숯 중
>   에서도 (   )을/를 좋은 숯으로 여겼다.
> • 숯은 (   )을/를 깨끗하게 하여 숲에 있는 것과 같은 상쾌함을 준다.

활동 숯의 효능을 알아보고 블로그에 올릴 숯 광고지를 만들어 보세요.

**광고 만드는 순서
알아보기**

• 광고하고 싶은 물건에 대해 알리고 싶은 점을 생각한다.
• 관심을 끌 수 있는 표현 방법에 대한 아이디어를 떠올린다.
• 스토리 보드를 만들어 대본을 쓰고 촬영 및 녹음을 한다.
• 편집을 하고 완성한다.

1 SNS와 인터넷 백과사전을 읽고 레시피 소개하기

김밥 만들기

유명 분식 업체는 새로운 메뉴를 개발하기 위해 누리 소통망(SNS)을 통해 요리법(레시피) 공모를 받는다고 해요. 요리에 관심이 많은 두리는 평소 좋아하는 김밥 분야에 참여하기로 했어요. 레시피 공모전에 도전할 김밥 레시피를 만들어 보세요.

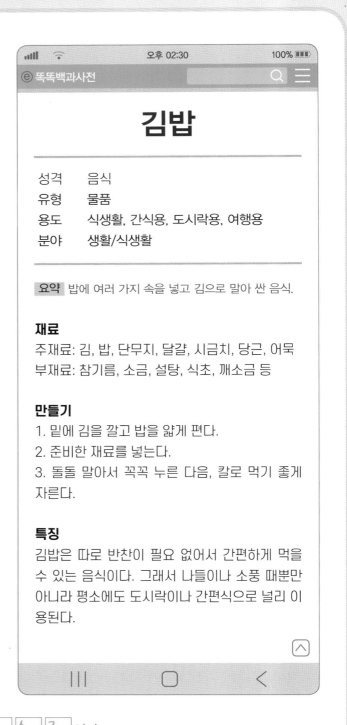

확인 이 내용이 담긴 디지털 매체는 SNS와 인터넷 ⬜ ⬜ ⬜ ⬜ 이다.

▶ SNS와 인터넷 백과사전을 통해 알 수 있는 내용에 ○표를 하세요.

엄마손 분식은 각 분야별로 분식 레시피를 공모하고 있다.	

K-푸드(Korea Food)란 김치, 고추장, 불고기 같은 한국의 전통 음식만을 뜻한다.	

▶ 두리는 세계인의 입맛을 사로잡기 위해 스테이크와 김밥의 어울림을 생각했습니다. 두리 가 생각한 김밥을 만들기 위해 필요한 재료에 모두 ○표를 하세요.

식빵	밥	낙지	김	당근	단무지	갈치	우유
소고기 스테이크		조개	시금치		스테이크 소스		옥수수

활동 엄마손 분식 레시피 공모전 SNS에 올라온 돈가스 김밥 레시피를 보고, 위에서 고른 재료 로 스테이크 김밥 레시피를 만들어 보세요.

tta.s.tty ···

#외국인들도좋아할돈가스김밥
1. 김을 깔고 그 위에 밥을 얇게 폅니다.
2. 단무지, 당근, 양배추, 돈가스를 넣고 돈가스 소스를 뿌립니다.
3. 끝에서부터 꾹꾹 눌러 가며 돌돌 맙니다.

♡ ○ ▽
♥ 258 Likes

y.song ···

♡ ○ ▽
♥ 0 Likes

'레시피'에 대해 알아보기

• '레시피(recipe)'란 요리, 음식 등을 만드는 방법을 뜻한다.
• 일반적으로 요리 이름, 조리 시간, 준비 재료, 제품 사진 등이 담겨 있다.
• 요즘에는 가전 제품 업계가 요리사와 함께 해당 제품과 관련된 간편 레시피를 보여 주며 홍보하는 시도가 많아지고 있다.

1 온라인 대화방에서 대화할 때의 장점을 알맞게 말한 친구의 이름을 쓰세요.

> 효림: 컴퓨터나 스마트폰만 있으면 시간과 공간의 제약을 받지 않아.
>
> 이산: 주제를 정해 대화하다가 다른 내용으로 쉽게 빠질 수 있어.
>
> 진아: 너무 많은 대화가 오가다 보면 중요한 내용을 놓칠 수 있어.

(   )

2 다음은 어떤 매체에서 찾은 자료인가요? (   )

① 블로그   ② 카드 뉴스   ③ 인터넷 게시판
④ 인터넷 신문   ⑤ 인터넷 백과사전

3 다음은 무엇을 만드는 차례를 나타낸 것인지 쓰세요.

> 만화를 그리기 전에 흥미를 끌 만한 소재를 찾아 시나리오를 작성함. → 시나리오에 따라 만화 설계도를 짠 다음 컷을 나누고, 스케치, 채색, 편집, 대사 넣기 등의 그림 작업을 함. → 컴퓨터로 그린 그림을 인터넷에 올림.

(   )

4 '콜로세움'과 관련된 검색 키워드로 알맞지 <u>않은</u> 것은 무엇인가요? (   )

① 로마   ② 이탈리아   ③ 검투사
④ 인도   ⑤ 세계 유산

정답과 해설 **62**쪽

5   다음은 무엇에 대한 설명인가요? (   )

> • 대중 매체의 변화로 인해 디지털화가 되고 있다.
> • 학교 교육도 디지털 러닝 시스템으로 이루어지면서 엄청난 자료들을 검색할 수 있는 온라인 서비스가 이루어지고 있다.

① 인터넷 뱅킹   ② 스마트폰 문자   ③ 인터넷 게시판
④ 신문 광고지   ⑤ 인터넷 백과사전

6   다음과 관련된 매체는 무엇인지 알맞은 것에 ○표를 하세요.

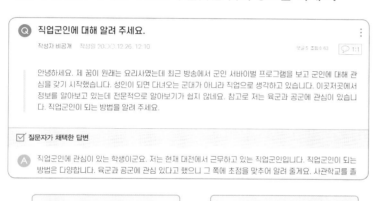

> • 질문과 대화를 주고받는 형식이다.
> • 회사나 학교, 단체의 누리집이나 인터넷 게시판에 질문을 하면 그것에 대한 답글을 받을 수 있다.

인터넷 Q&A 게시판   인터넷 퀴즈 신문   인터넷 공익 광고

7   다음 광고에서 말하려는 내용은 무엇인가요? (   )

① 숯의 종류   ② 숯의 효능   ③ 숯의 색깔
④ 숯의 모양   ⑤ 숯의 가격

드디어 토론 대회!

수요일, 논술 수업이 끝나고 토론 대회에 참가하는 학생들만 그 자리에 남 았어요. 진짜 토론 대회처럼 편을 갈라 토론을 하기로 했지요. 남자 편 대 여 자 편으로 나뉘어 서로 이기려고 안간힘을 썼어요.

"얘들아, 잠깐만. 토론은 싸우는 게 아니지? 서로 자기주장만 내세우려고 하면 안 되잖니? 너희 그러다가 진짜 싸우겠어."

활활 불타오르는 양편의 열기를 가라앉힌 것은 선생님이었어요.

"비교적 준비를 잘해 왔구나. 그래도 토론을 하다 보니 허점이 보이는 부분 이 있지? 그건 다음 시간까지 또 다듬어 오자꾸나. 그리고 이번 토론 대회는 의회식 토론으로 진행된단다. 참가자 4명 중 2명씩 2인 1조가 되어 토론을 진행하는 방식이란다. 누가 한 조가 될지를 결정하고 오늘 수업을 마칠게."

나영이는 혹시 밉상 준영이와 한 조가 될까 봐 걱정했어요. 그런데 진짜 한 조가 되었지 뭐예요? 집으로 돌아온 나영이는 밉상에게 절대로 지지 않기 위 해 열심히 자료 조사를 했어요. 오랜만에 스마트폰을 놓고 열심히 자료 조사 를 하는 나영이를 본 엄마가 흐뭇한 미소를 지었지요.

"토론 대회 준비는 잘 돼 가니?"

"그럭저럭요. 밉상이랑 한 조가 됐다는 것만 빼고는요."

그때 나영이의 스마트폰에서 계속 딩동 소리가 울렸어요. 자료 조사에 방해

가 된다고 느낀 나영이가 알림음을 소리가 안 나게 돌렸어요.

"자꾸 알림음이 울리니까 집중이 안 되지?"

"좀 그러네요. 지금까지 채팅방이 열 개나 있었는데, 확 줄일까 봐요. 만날

비슷한 얘기를 하는데, 그동안 제가 왜 그렇게 열심히 채팅을 했는지 이제

는 잘 모르겠어요."

나영이 말에 엄마 얼굴이 환해졌지요.

"엄마! 너무 좋아하시는 거 아니에요?"

"네가 스마트폰 사회의 단점을 너무나 콕 집어 말하는 게 대견해서 그러지."

나영이의 변화를 아주 좋아하시는 엄마 모습에 나영이의 마음도 밝아졌어요.

드디어 토론 대회 날!

이십여 개 학교가 토론 대회에 나섰지요. 무대 위에는 토론 대회에 토론자로 나선 아이들이 앉는 좌석이 꾸며져 있었고, 무대 밑에는 평가를 담당한 선생님들 자리가, 그 뒤쪽으로는 참관인들의 자리가 마련되어 있었어요.

나영이네 학교가 첫 번째 순서였어요.

"얘들아, 떨지 말고 잘하자. 처음 순서가 가장 좋은 거 같아. 비슷비슷한 주장들과 반론들이 펼쳐질 텐데, 우리는 처음이니 그래도 좀 낫잖니?"

선생님의 응원으로 힘을 얻은 우리 학교 토론 팀은 파이팅을 하고 무대에 올랐어요. 그동안 한 조가 된 밉상 준영이와도 이젠 꽤 친해졌지요.

"지금부터 우리초등학교와 고성초등학교 토론 팀의 토론 대회를 시작하겠습니다. 오늘의 토론 주제는 '스마트폰 사회의 좋은 점과 나쁜 점'입니다. 두 학교 토론 팀의 대결을 잘 지켜봐 주시기 바랍니다."

사회자가 시작을 알렸어요.

고성초등학교 김유빈이 첫 번째 발표에 나섰어요.

"스마트폰 사회는 바쁜 현대인들이 원하는 것을 그대로 해결해 준다고 생각합니다. 스마트폰으로 빠르게 지식이나 정보를 찾아볼 수도 있고, 뉴스를 볼 수도 있으며, 전자 우편을 보낼 수도 있고, 음악을 듣거나 동영상을 볼 수도 있습니다. 이와 같은 점에서 스마트폰은 현대인들이 원하는 것을 채워 주고 있으므로 아주 좋다고 생각합니다."

'음, 제법인데.'

상대편이긴 하지만 나영이도 꽤 잘한다고 생각했지요. 다음은 반대편 토론자인 준영이가 나섰어요.

"스마트폰 사회는 장점 못지않게 단점도 많습니다. 스마트폰을 사용하게 되면서 사람들은 더 이상 도서관에 가려고 하지도 않고, 사전을 찾지도 않으며, 종이 신문을 구독하지도 않습니다. 심지어 많은 사람들은 직접 만나서 대화를 하려고 하지도 않고 스마트폰을 통해 문자나 채팅만으로 소통하려고 합니다."

막상막하의 실력을 보이는 두 팀의 대결이 과연 어떻게 끝날지 직접 대결에 나선 나영이도, 그걸 바라보는 방청객도 흥미진진했어요.

채팅의 늪에 빠져 하루에도 수백 건의 채팅을 하던 나영이가 스마트폰 사회의 나쁜 점에 대해 말해야 하는 토론자로 나선 것도 참 재미있는 일이었지요. 채팅을 줄이고 나니 숙제를 할 때도 집중이 잘 되고, 알림음이 울릴 때마다 궁금해하던 버릇도 조금은 나아졌거든요. 스마트폰 없는 날을 만들어 가며 토론 대회에 집중했던 나영이가 가꾼 인내의 열매는 과연 달까요, 쓸까요?

사랑해, 우리말

웹툰 내용

비니 엄마가 온라인 오픈 마켓에서 옷을 사려고 했는데 제대로 안 되어서 매장에 직접 가게 되었어요.

외국어를 우리말로 바꾸어요

- 오픈 마켓 → 열린 시장, 열린 장터
- 홈페이지 → 누리집
- 팝업창 → 알림 창
- 로그아웃 → 나가기

디지털 매체 활용 정보

외국어를 우리말로 바꾸어 사용하고 싶을 때는 인터넷 국어사전을 활용하여 정확한 의미와 예시, 알맞은 우리말을 찾을 수 있다.

안동 국제 탈춤 페스티벌

웹툰 내용

영준이가 친구들에게 안동 국제 탈춤 페스티벌에 다녀온 것에 대해 이야기하고 있어요.

안동 국제 탈춤 페스티벌

안동 국제 탈춤 페스티벌은 국내뿐만 아니라 외국 탈춤 공연도 있어요. 이 축제는 보통 9월 마지막 주부터 10월 첫째 주에 열려요.

디지털 매체 활용 정보

지역 축제에 대한 전문적인 정보를 찾고 싶을 때는 인터넷 백과사전이나 인터넷 누리집을 활용하고, 경험을 바탕으로 한 정보를 찾고 싶을 때는 인터넷 게시판, 온라인 대화방이나 SNS를 활용할 수 있다.

강아지를 키워요

> 나는 몸집이 큰 리트리버를 분양받고 싶었는데…….

> 아파트에서 그런 큰 개는 적당하지 않아.

> 아파트와 같은 다세대 주택에서는 다른 사람에게 피해가 가지 않도록 하는 것도 중요하단다.

웹툰 내용

두 아이가 강아지를 키우면서 집에서 강아지를 키울 때 주의할 점에 대하여 알게 되었어요.

반려견을 키울 때 주의할 점

아파트는 너무 큰 개를 키우기에 알맞지 않은 곳이에요. 여러 사람이 모여 사는 공동 주택인 아파트에서 강아지를 키울 때는 다른 사람에게 피해를 주지 않도록 하는 것이 중요해요.

디지털 매체 활용 정보

반려견을 기르는 데 필요한 전문적인 정보를 찾고 싶을 때는 인터넷 백과사전을 활용하고, 경험을 바탕으로 한 정보를 찾고 싶을 때는 인터넷 게시판, 블로그나 온라인 대화방을 활용할 수 있다.

공동 주택의 층간 소음 예방

웹툰 내용

공동 주택에서 층간 소음이 일어나는 여러 가지 경우를 알려 주는 내용이에요.

층간 소음의 여러 가지 원인

늦은 시간에 뛰어다니는 행동, 무거운 물건을 바닥에 끄는 행동, 청소기 소리 등이 층간 소음의 원인이 될 수 있어요.

디지털 매체 활용 정보

층간 소음을 예방하는 방법에 대한 전문적인 정보를 찾고 싶을 때는 인터넷 백과사전을 활용하고, 경험을 바탕으로 한 정보를 찾고 싶을 때는 인터넷 게시판, 온라인 대화방, SNS 등을 활용할 수 있다.

여우비가 내려요

웹툰 내용

여우가 불쑥 나타났다가 금방 사라지는 일처럼 햇빛이 쨍쨍한 날에 잠깐 내리다가 갑자기 사라지는 비를 '여우비'라고 한다는 내용이에요.

여우비의 뜻

햇빛이 쨍쨍한 날에 잠깐 흩뿌리다가 마는 비를 말해요.

디지털 매체 활용 정보
....
우리말의 뜻에 대한 전문적인 정보를 찾고 싶을 때는 인터넷 국어사전이나 인터넷 백과사전을 활용할 수 있다.

웹툰 내용

아이가 SNS에서 엄마손 분식 레시피 공모전을 보고, 공모전에 참여해 보려고 해요.

K-푸드의 뜻

한국 음식을 뜻하는 말로, 김치 같은 전통 음식뿐만 아니라 라면, 치킨같이 한국 사람의 입맛에 맞게 만든 음식을 말해요.

디지털 매체 활용 정보

요리를 만드는 데 필요한 전문적인 정보를 찾고 싶을 때는 인터넷 백과사전이나 인터넷 게시판을 활용하고, 경험을 바탕으로 한 정보를 찾고 싶을 때는 온라인 대화방이나 SNS를 활용할 수 있다.

5단계에서 배운 내용 다시보기

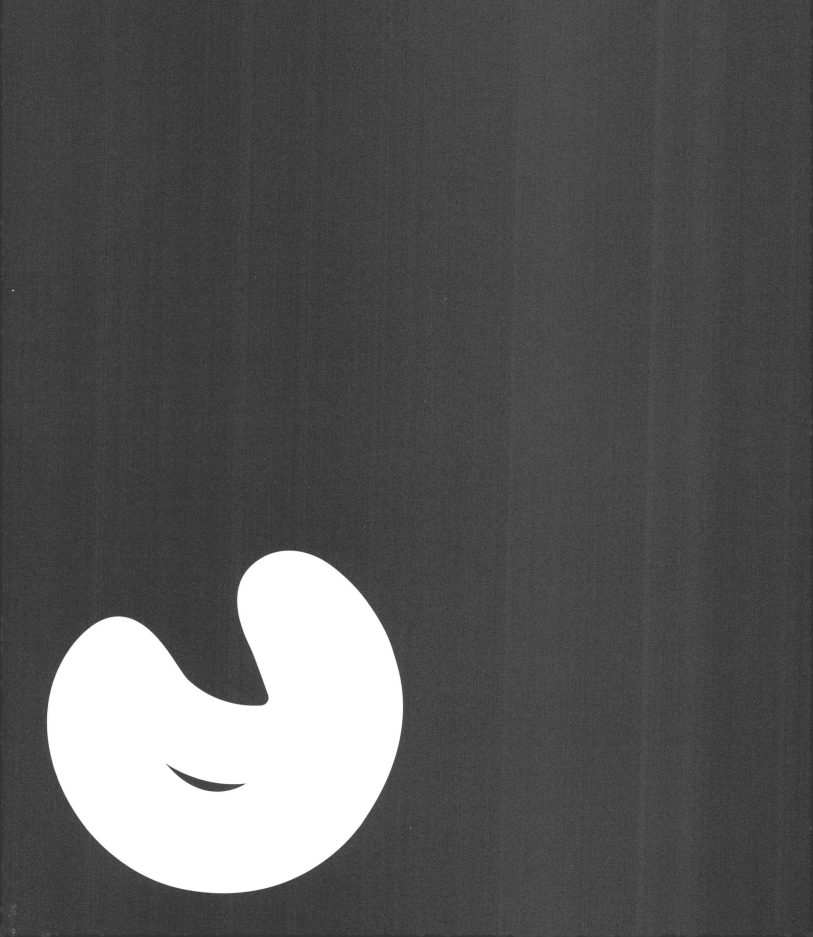

EBS

디지털독해가

문해력이다

5단계
초등 5 ~ 6학년 권장

정답과 해설

1

주차

정답과 해설

1회 생활

① 온라인 대화를 읽고 바르게 고쳐 쓰기

이모, 겨울에 꼭 오세요

지환이는 외국에 사는 이모와 온라인 대화를 했어요. 이모는 외국에서 오래 살고 계셔서 우리말이 조금 서툴러요. 이모와의 온라인 대화에서 지환이가 잘못 말한 부분을 바르게 고쳐 써 보세요.

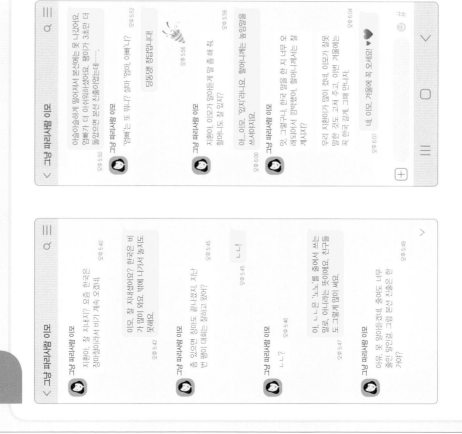

▲ 온라인 대화 내용으로 알맞은 것에 ○표를 하세요.

이모는 지환이에게 (축구 · (펭이)) 대회에 대해 묻고 있다.

해설 이모는 지환이의 펭이 대회 본선 진출에 대해 궁금해했습니다.

▲ 온라인 대화를 할 때 지켜야 할 점을 모두 골라 ○표를 하세요.

☐ 어른에는 예의 바르게 말한다.

○ 주제와 관련된 내용을 말한다.

○ 빨리 말하기 위해서 줄임말을 사용해 말한다.

해설 온라인 대화를 할 때에는 상대방에 맞추어 많은 줄임 줄임을 사용하여 주제와 관련된 내용을 예의 바르게 말해야 합니다.

활동 지환이가 이모께 잘못 말한 내용을 바르게 고쳐 써 보세요.

ㄴㄴ! 오후 5:45
→ 아니요!

엄마가 더 아쉬워하셨어요. 오후 5:50
→ 엄마, 아빠가 더 아쉬워하셨어요.

해설 온라인 대화를 할 때에는 상대방을 고려하여 많은 사람들이 알아듣기 쉬운 말을 사용해야 합니다.

어른과 온라인 대화를 할 때 주의할 점
- 예의 바르게 말한다.
- 주제와 관련된 내용을 말한다.
- 이모티콘을 너무 많이 사용하지 않는다.
- 상대방을 고려하여 알아듣기 쉬운 말을 사용해야 한다.

확인 이 내용이 담긴 디지털 매체는 온 라 인 대 화 방 이다.

1주차 1

▲ 금성이 다른 이름에 모두 ○표를 하세요.

[샛별]　[비너스]　[아테네]　[개밥바라기별]

해설 금성은 우리나라에서는 '샛별, 개밥바라기별'이라고 불리고, 서양에서는 '비너스'라고도 합니다.

▲ 이 글에서 찾을 수 있는 내용으로 알맞은 것을 골라 ○표를 하세요.

지구와 금성은 크기, 질량, 밀도가 비슷하다. ○

지구와 금성은 자전 주기와 표면 온도가 비슷하다.

해설 지구와 금성은 크기, 질량, 밀도는 비슷하지만 표면 온도, 자전 주기 등은 다릅니다.

활동 인터넷 백과사전을 보고, 나는 어떤 생각을 했는지 인터넷 게시판에 써 보세요.

토론방
자유 게시판
여행 남기기
토론방
건의사항

예 지구의 온도가 조금씩 오르고 있는 지금, 지구의 미래도 점점 살 수 없어요. 금성처럼 뜨거운 행성이 되지 않기 위해 모두가 노력해야 해요.

1000자 이내　　등록

해설 금성이 지구와 비슷한 행성이었는데 어느 순간 생물이 살기 힘든 뜨거운 행성으로 바뀌었다는 내용을 읽으며 걱정스러운 생각이 드네요.

해설 금성이 처음엔 지구와 비슷한 행성이었는데 뜨거운 행성으로 바뀐 것처럼 지구와 비슷한 환경으로 바뀔 것을 걱정하는 내용입니다. 점점 뜨거워지고 있는 지구를 걱정하는 마음을 써 봅니다.

금성의 자전과 공전

• 금성의 자전 주기는 243일로 아주 느리고, 공전 주기는 225일이다.
• 금성은 특이하게도 자전이 공전보다 느리고 자전 방향도 다른 행성과 반대여서 해가 서쪽에서 뜨고 동쪽으로 지는 것처럼 보인다.

1회 | 과학

2 인터넷 백과사전을 읽고 게시판에 글쓰기

오, 나의 비너스

우리가 살고 있는 지구와 닮은 쌍둥이 행성이 있어요, 무엇일까요? 바로 태양계에서 지구와 가까이 있는 금성이랍니다. 인터넷 백과사전에서 찾은 금성에 대한 정보를 읽고 생각하거나 느낀 점을 게시판에 써 보세요.

ⓔ 독독백과사전　　🔍

사전 소개 | 연표 | ☰

금성(Venus)

위치
금성은 태양으로부터 두 번째에 위치한 행성으로 태양 다음으로 지구에서 가장 밝게 보입니다.

여러 가지 이름
우리나라에서 금성은 시간에 따라 여러 가지 이름으로 불립니다. '샛별'은 새벽에 동쪽 하늘에서 밝게 반짝인다고 해서 붙인 이름이고, '개밥바라기별'은 개들이 밥을 기다리는 초저녁에 떠오른다고 해서 붙인 이름입니다. 서양에서는 그리스 로마 신화의 여신인 비너스의 이름을 붙이기도 했습니다.

지구와 닮은 행성
금성은 지구와 질량, 크기, 밀도까지 비슷해서 쌍둥이 행성 혹은 형제 행성이라고도 합니다. 하지만 금성의 평균 표면 온도가 460°C에 달하고, 대기의 압력이 지구의 90배가 넘어 생물이 살기 힘든 환경입니다. 일부 과학자들은 금성이 처음에는 지구와 비슷한 환경이었으나 243일이나 걸리는 자전 주기와 대기의 두꺼운 이산화탄소 층으로 온실 효과가 발생해 점점 뜨거운 행성으로 변했을 것이라고 말합니다.

▲ 금성과 지구의 모습

금성 탐사
1960년대 미국과 소련에서 탐사선을 보낸 것을 시작으로 금성에 대한 탐사가 시작되었습니다. 현재는 지구의 기후 온난화에 대한 해답을 찾기 위해 금성 탐사가 이루어지고 있습니다.

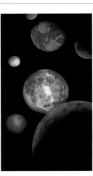
▲ 뜨거운 행성, 금성

확인 이 내용이 담긴 디지털 매체는 인터넷 [백] [과] [사] [전] 이다.

2회 문학

1 웹툰을 읽고 외국어를 우리말로 바꾸기

사랑해, 우리말

바니 엄마의 표정이 심상치가 않아 보이죠?
엄마에게 무슨 일이 있는 것인지 웹툰을 읽어 보고, 바니와 엄마의 대화 속에 나타난 외국어를 우리말로 바꾸어 써 보세요.

사랑해, 우리말 <인터넷 용어>

웹툰에서 어떤 외국어를 사용했는지 살펴볼까요?

오픈 마켓
· 뜻: 인터넷에서 판매자와 구매자를 직접 연결해 자유롭게 물건을 사고팔 수 있는 곳.
· 우리말: 열린 시장, 열린 장터

홈페이지
· 뜻: 개인이나 단체가 인터넷(월드와이드웹)에서 볼 수 있게 만든 화면으로 집 주소처럼 이루어져 있음.
· 우리말: 누리집

팝업 창
· 뜻: 특정 누리집에 접속했을 때 어떠한 내용을 표시하기 위해 화면을 자동으로 열리는 새 창.
· 우리말: 알림 창

로그아웃
· 뜻: 컴퓨터나 인터넷 사이트를 이용할 때 하던 일을 마치고 연결을 끊는 것.
· 우리말: ?

확인 이 내용이 담긴 디지털 문해력이다 │ 웹 │ 툰 │ 이다.

▲ 웹툰에서 바니 엄마가 사용하고 있는 것은 무엇인지 알맞은 것에 ○표를 하세요.

[컴퓨터] 　 휴대 전화 　 신문

해설 웹툰에서 바니 엄마는 컴퓨터로 인터넷 쇼핑을 하려고 했습니다.

▲ 외국어를 우리말로 알맞게 바꾼 것을 선으로 이으세요.

오픈 마켓 ─── 누리집
홈페이지 ─── 알림 창
팝업 창 ─── 열린 시장

해설 '오픈 마켓'은 '열린 시장, 열린 장터'로, '홈페이지'는 '누리집'으로, '팝업 창'은 '알림 창'으로 바꿀 수 있습니다.

활동 바니가 말한 외국어를 우리말로 알맞게 바꾸어 써 보세요.

[바꾸기 전] 엄마, 로그아웃 하고 가세요.

↓

[바꾼 후] 예) 엄마, 나가기는 하고 가세요.

해설 외국어 '로그아웃'은 우리말 '나가기', '나오기', '빠져나오기'와 같은 의미가 담긴 말로 바꿀 수 있습니다.

외국어를 우리말로 순화하기

'소셜 미디어(Social media)'란 트위터, 페이스북과 같이 소셜 네트워킹 서비스(SNS)에 가입한 이용자들이 서로 정보와 의견을 공유하면서 대인 관계망을 넓힐 수 있는 온라인 매체를 말한다. 이러한 소셜 미디어는 글, 이미지, 오디오, 비디오 등의 다양한 형태를 가진다. 우리말 누리 소통 매체로 바꿀 수 있다.

2회 생활

2 온라인 대화를 읽고 토론하기

스마트폰 사용 시간을 정해야 하는가

승재네 반 친구들은 장시간 스마트폰 사용에 대한 해결 방법으로 '스마트폰 사용 시간에 제한을 두는 것'에 대해 반 친구들과 토론해 보기로 하였어요. 나의 생각은 어떠한지 정리하여 써 보세요.

< 5학년 2반 이야기방 7

지금부터 "스마트폰 사용 시간에 제한을 두어야 한다."라는 주제로 토론을 시작할게. 먼저 찬성편이 주장을 펼쳐 볼래? 오후 5:10

이지호: 찬성편은 두 가지 까닭에서 "스마트폰 사용 시간에 제한을 두어야 한다."에 찬성해. 오후 5:12

고서현: 지나친 스마트폰 사용은 주의력 결핍 장애를 일으킬 수 있어. 한국전자통신연구원의 연구 결과에 의하면 스마트폰을 많이 사용하는 어린이일수록 주의력 결핍 과잉 행동 장애를 일으키는 것으로 나타났어. 오후 5:13

이지호: 그리고 스마트폰으로 인해 게임 중독이 될 수 있어. 한국방송통신전파진흥원에서 보고한 설문 조사 내용에 따르면 청소년들 10명 중 4명이 하루 평균 모바일 게임을 1시간 이상 즐긴다는 결과가 나왔는데, 이 결과에서도 알 수 있듯이 스마트폰 게임 중독이 심각해. 오후 5:14

그럼 이어서 반대편 주장을 말해 줄래? 오후 5:15

한채린: 반대편 역시 두 가지 까닭에서 "스마트폰 사용 시간에 제한을 두어야 한다."에 반대해. 오후 5:18

< 5학년 2반 이야기방 7

장도윤: 학생들의 스마트폰 사용은 학생들 스스로 조절해야 한다고 생각해. 강제적인 제한은 개인의 자유를 침해하는 것이고, 그 효과는 제한적이기 때문이야. 오후 5:19

한채린: 그리고 스마트폰으로 안전한 등하굣길을 만들 수 있고, 학교폭력도 예방할 수 있어. 학교폭력이나 성폭력 사전 방지 앱을 다운받아 위험으로부터 안전을 지킬 수 있기 때문이야. 오후 5:20

그럼 이번에는 상대편이 펼친 주장에서 잘못된 점이나 궁금한 점을 지적하고 이에 답하는 반론을 해 줘. 오후 5:23

유서준: 찬성편에서는 스마트폰 사용 시간 중 모바일 게임을 하는 시간이 1시간 이상이라는 조사 결과를 토대로 사용 시간에 제한을 두어야 한다는 주장을 했어. 하지만 사용 시간 제한만으로 게임하는 것을 막을 수는 없어. 오후 5:25

현정인: 그래도 스마트폰 사용 시간에 제한을 두면 중독될 정도로 오래 하지 못하게 되니까 관리를 할 수 있게 돼. 오후 5:26

확인 이 내용이 담긴 디지털 매체는 [온][라][인] [대][화][방]이다.

▶ 온라인 대화방의 토론 주제를 골라 ○표를 하세요.

초등학생은 스마트폰 게임을 해서는 안 된다.	
스마트폰 사용 시간에 제한을 두어야 한다.	○

해설 지금부터 "스마트폰 사용 시간에 제한을 두어야 한다."라는 주제로 토론을 시작하겠다고 하였습니다.

▶ 다음에서 찬성편의 주장을 뒷받침하는 근거에는 '찬', 반대편의 주장을 뒷받침하는 근거에는 '반'을 각각 써넣으세요.

지나친 스마트폰 사용은 주의력 결핍 장애를 일으킬 수 있다.	찬	스마트폰으로 인해 게임 중독이 될 수 있다.	찬
학생들 스스로 조절하는 능력을 키울 수 있다.	반	안전한 등하굣길을 만들 수 있고, 학교폭력도 예방할 수 있다.	반

해설 스마트폰은 주의력 결핍 장애를 일으킬 수 있고, 스마트폰으로 인해 게임 중독이 될 수 있다는 근거를 들어 말한 것은 찬성편이고, 반대편은 학생들 스스로 스마트폰 사용을 조절할 수 있고, 스마트폰으로 안전한 등하굣길을 만들 수 있으며, 학교폭력도 예방할 수 있다는 근거를 들었습니다.

활동 스마트폰 사용 시간을 제한하는 것에 대한 친구의 생각을 읽고 의견을 써 보세요.

< 친구

친구: 나는 스마트폰 사용 시간에 제한을 두는 것에 찬성해. 왜냐하면 오랜 시간 스마트폰을 사용하다 보면 중독될 수 있기 때문이야. 초등학생들은 어른들보다 자제력이 약해서 스마트폰에 중독되면 학교 생활이나 친구 관계에 집중하기보다 게임에만 신경쓰게 될지 몰라. 오후 7:11

< 친구

예 그래도 요즘은 디지털 시대야. 스마트폰으로 접할 수 있는 정보들이 많아서 도움받을 수 있는 부분들도 많아. 사용 시간에 제한을 두는 것보다 스마트폰이 꼭 필요할 때를 정해 두고 사용하면 어떨까?

해설 친구는 스마트폰 사용 시간에 제한을 두는 것에 찬성하는 의견을 냈습니다. 친구의 의견에 동의하거나 반대하는 내용의 의견을 씁니다.

초등학생 스마트폰 게임 중독의 해결 방법은 없을까?

디지털 미디어가 대중화된 시기이므로 스마트폰 게임을 일상에서 완전히 없애기는 힘들다. 그렇기 때문에 스스로의 자제력과 조절 능력을 길러 나가는 과정이 필요하다. 초등학생이라면 자기 조절 능력을 충분히 키울 수 있는 나이이므로, 스스로 규칙을 세우고 행동하는 책임감을 보일 수 있도록 해야 한다.

정답과 해설 7쪽

동궁과 월지

신라의 별궁이 있던 자리예요. 궁 안에 연못과 섬이 있어서 경치가 아름다워요. 이곳에서는 귀한 손님을 맞이하거나 귀족들이 연회를 즐겼어요.

천마총

신라 왕의 고분으로, 하늘로 날아가는 말을 그린 천마도가 발견되어서 천마총이라고 불려요. 천마도와 함께 천마총 금관도 발견되어서 신라의 뛰어난 예술 수준을 알 수 있어요.

석굴암

신라 시대에 만든 세계에서 하나뿐인 인공 석굴 사원이에요. 돌을 이용하여 둥그렇게 쌓은 천장과 불상이 매우 아름다워요. 불국사와 함께 유네스코 세계 유산으로 지정되었어요.

양동마을

마을 전체가 유네스코 세계 유산으로 지정된 민속 마을이에요. 조선 시대 양반의 생활 환경을 잘 간직하고 있어요.

경주 첨성대

신라에서 만든 천문대예요. 당시는 농사를 짓기 때문에 날씨가 매우 중요했어요. 첨성대에 올라 하늘을 관측하면서 계절의 변화를 예측했던 곳이에요.

불국사

신라 시대에 경주 토함산 기슭에 지은 절이에요. 섬돌 석탑과 다보탑, 백운교, 연화교 등 신라 불교 예술의 귀중한 유적이 있고, 유네스코 세계 유산으로 지정되었어요.

신라의 천 년 수도, 경주

경주는 약 천 년의 시간 동안 신라의 수도였어요. 이렇게 천 년 동안 한 나라의 수도가 바뀌지 않는 경우는 세계적으로도 거의 없다고 한다. 경주는 오랜 시간 동안 한 나라의 중심지였기 때문에 유적지나 유물이 잘 보존되어 있어, 그래서 도시 전체를 박물관에 비유하기도 한다.

---

1 인터넷 누리집을 읽고 여행지 소개하기

역사와 문화가 있는 경주

경주는 신라 천 년의 역사를 담은 도시로, 곳곳에 여러 유적지와 문화재가 있어요. 여러분은 경주 여행을 가기 위해서 인터넷으로 경주 여행 지도를 찾아보았어요. 경주 여행 안내 지도의 내용을 바탕으로 경주를 읽는다는 자료를 만들어 보세요.

천 년의 역사와 문화가 숨쉬는 도시,
경주 여행 지도

× 여행을 떠나요   × 경주 여행 정보

여행을 떠나요   Q 도시나 상품 이름으로 검색

✈ 항공권   🏠 숙소   🚗 렌터카   🏷 할인, 이벤트   🧳 패키지 상품

예약 확인   문의하기

찾기기원

경주 양동마을 · 경주역 · 동궁과 월지 · 석굴암 · 불국사 · 천마총 · 경주 첨성대

확인 이 내용이 담긴 디지털 매체는 인터넷 누 리 집 이다.

활동 1 경주에서 가 보고 싶은 곳을 쓰고, 그곳의 특징을 간단하게 정리해 보세요.

양동마을
(예) · 경주에 있는 민속 마을
· 조선 시대 양반의 생활 환경을 알 수 있음.

동궁과 월지
(예) · 신라의 궁궐이 있던 자리
· 궁 안에 연못과 섬이 있어서 경치가 아름다움.

경주 첨성대
(예) · 하늘을 관측하던 천문대
· 신라 시대에는 날씨가 중요했기 때문에 하늘을 관측하는 일이 중요했음.

불국사
(예) · 통일 신라 시대의 절
· 삼층 석탑과 다보탑, 백운교, 연화교 등이 있음.

해설 연아가 인터넷에서 찾은 여행 자료를 다시 읽고 각 장소의 특징을 정리해 봅니다.

활동 2 다음은 경주를 소개하는 SNS 자료입니다. 경주 여행에 대해 조사한 내용을 바탕으로 하여 SNS에 올릴 경주를 소개하는 자료를 만들어 보세요.

해설 경주에 대한 정보나 특성을 넣어 소개하는 자료를 만들어 봅니다.

▲ 연아가 여행을 가려고 하는 지역은 어디인지 ○표를 하세요.

경주 　 (경주) 　 전주

해설 연아는 경주 여행을 가기 위해 인터넷에서 경주 여행 지도와 볼거리에 대한 정보를 찾아보았습니다.

▲ 여행 계획을 세울 때 꼭 들어가야 할 내용을 모두 골라 ○표를 하세요.

여행을 갈 장소	○
여행 날짜와 시간	○
여행 장소까지 가는 방법	○
여행을 다녀와서 느낀 점	

해설 여행 계획을 세울 때에는 여행 장소와 여행 날짜, 시간, 여행 장소까지 가는 방법을 꼭 정해야 합니다.

▲ 내가 경주 여행을 간다면 어디를 가 보고 싶은지 모두 골라 ○표를 하세요.

천마총 　 불국사 　 양동마을
경주 첨성대 　 석굴암 　 동궁과 월지

해설 경주 여행에서 가 보고 싶은 곳에 표시를 해 봅니다.

▲ 지후가 《어린왕자》를 읽으면서 생각한 것은 무엇인지 ○표를 하세요.

나는 어떠한 가치관을 가지고 있는가? □

나의 모습이 다른 사람에게 어떻게 보이고 있는가? ○

해설 지후는 어린왕자가 만난 다양한 별에 사는 사람들이 각자의 가치관으로 자신들이 별을 지키고 있는 것이라고 하였고 '나' 자신은 자신의 별을 어떠한 가치관으로 가꾸고 싶은지 생각해 보았습니다.

▲ 어린왕자가 만나지 않은 인물은 누구인지 기호를 쓰세요. 📝 (라)

㉮ 뽐내고 싶은 욕심을 가진 인물
㉯ 모든 것을 숫자로 생각하는 인물
㉰ 게을러서 아무것도 하지 않는 인물
㉱ 명령에 따라 인맨 하느라 쉬지 못하는 인물
㉲ 정점에 보지 않고 책상에만 앉아서 연구만 하는 인물

해설 어린왕자는 '게을러서 아무것도 하지 않는 인물'은 만나지 않았습니다.

활동 이 글의 마지막 부분을 다시 읽고 나는 어떤 가치관을 갖고 있는지, 또는 어떤 가치관을 갖고 싶은지 생각하여 댓글을 써 보세요.

💬 댓글

[댓글 달기] 예 내가 갖고 있는 가치관은 '약속을 지키는 생활'이다. 약속을 지킨다는 것은 사람 사이에 믿음을 주는 것이다. '믿음'이라는 가치관을 잘 가꾸어 가면 언젠가 '약속의 별'을 가진 훌륭한 사람으로 성장할 것이라고 생각한다.

1000자 이내   등록

해설 내가 옳다고 생각하는 것, 중요하다고 생각하는 것은 무엇인지 떠올려 댓글을 써 봅니다.

가치관에 대하여 알아보기

• 가치관이란 옳은 것, 해야 할 것 또는 하지 말아야 할 것 등에 관한 일반적인 생각을 말한다.
• 사람마다 생각하는 가치관은 다양하다.
• 건강한 가치관을 가지기 위해서는 좋은 습관, 좋은 생각 등이 도움이 된다.

3회 문화

주차 1

2 블로그를 읽고 댓글 쓰기

《어린왕자》 속 인물의 가치관

지후가 지난해에 《어린왕자》를 읽었을 때에는 어린왕자와 여우의 마음만 생각했느니비 얼마 전 다시 읽고 난 후에는 어린왕자가 만난 사람들의 가치관에 대해 생각해 보게 되었어요. 과연 나는 어떤 가치관을 갖고 있는지 생각하여 댓글로 써 보세요.

블로그 □
문학 여행 × □ 문화 세상 × +
← → C

내용보기 | 이웃 블로그 | 블로그 홈 | 로그인
메모 | 인쇄

문학 세계 (BOOK STORY)
유명하고 읽기 많은 도서를 차례대로 도장 깨기 중!

목록
전체 보기(18)
재미(11)
 └ 웃찬남매 시리즈(3)
 └ 고양이 탐정 리뷰(8)
문학(7)
 └ 동물무(3)
 └ 조선왕조실록(2)
 └ 어린왕자(2)

오후 4시에 네가 온다면 나는 3시부터 행복해지기 시작할 거야.

문학 세계 2024.09.19

《어린왕자》를 처음 읽었을 때에는 여우가 말한 이 이름다운 글귀만 기억에 남았습니다. 다시 읽은 《어린왕자》에서는 어린왕자가 다양한 별들을 방문하면서 만난 이성한 어른들에게 관심이 갔습니다. 마치 현실의 어른들의 세계를 보여 주는 것 같았거든요.

왕의 별에서 만난 왕은 아무도 없는 작은 별에서 왕 자리를 지키는, 뽐내고 싶은 욕심을 가진 인물입니다. 허영심이 강하여만 어린은 혼자 사는 별에서 자신을 인정해 주고 박수만을 바라는 인물입니다. 남의 인정과 칭찬으로 살아가는 어른이루의 모습도 담겨 있습니다.

술꾼의 별에서 만난 어른은 자신의 슬픔과 부끄러움을 잊기 위해 술을 마시는 인물입니다. 힘든 현실을 받아들이기 어려워 술에 술로 잊으려는 어른의 모습도 담겼습니다.

비즈니스 별에서 만난 어른은 모든 것을 숫자로 생각하고 셀 틈 없이 별을 세고 또 세면서 별을 갖는 이유도 무르 채 그 일이 중요하다고 믿는 인물입니다. 그저 돈을 버는 일 자체가 중요한 일이 되어 버린 어른의 모습도 담겼습니다.

가로등을 켜는 사람의 별에서 만난 어른은 명령에 따라 매일 가로등을 켜고 끄느라 쉬지 못하는 인물입니다. 스스로 시작한 것도 무조건 해야 한다는 어른의 모습도 담겼습니다.

지리학자의 별에서 만난 어른은 경험해 보지 않고 책상에 앉아서 연구만 하는 하지 않는 인물입니다. 직접 해 보지도 않고 말만 앞세우는 어른의 모습도 담겼습니다.

그리고 맨 번째로 도착한 지구별에서 어린왕자는 여우와 뱀, 조종사를 만납니다.

"모든 사람은 자기 별을 가지고 있어요. 그리고 별은 사람에 따라 달라요."

어린왕자가 만난 여러 사람들은 각자의 가치관으로 자신의 별을 지키고 있었습니다. 책을 다시 읽고 문득 나는 나의 별을 어떻게 가꾸어 가야 가고 있는지 생각하게 되게 되었습니다.

활동 이 내용이 담긴 디지털 매체는 블 로 그 이다.

4회 인물

1 인터넷 백과사전을 읽고 공통점과 차이점 정리하기

김홍도와 신윤복

풍속화를 그린 조선 시대 화가 김홍도와 신윤복에 대해 알아보았어요.
인터넷 백과사전에서 두 사람의 일생과 작품을 살펴보고, 공통점과 차이점을 정리해
보세요.

똑똑백과사전

김홍도 서민들의 모습을 그린 화가

1745년에 태어난 김홍도는 스승 강세황의 추천으로 조선 시대에 그림에 관한 일을 맡아 보던 관청인 도화서에 들어가 그림을 그리는 화원이 되었다. 그의 그림은 간결하면서도 힘차며 개성 있는 표현 방법으로 산수화, 인물화, 동물, 풍속화 등을 그렸다. 영조와 정조의 초상화를 그렸으며, 정조로부터 최고의 화가라는 칭찬을 받았다.

주요 작품

▲ 씨름

▲ 서당

▲ 타작

똑똑백과사전

신윤복 서민들의 모습을 그린 화가

1758년에 태어난 신윤복은 아버지 신한평이 화가였던 아버지 신한평의 대를 이어 조선 시대에 그림에 관한 일을 맡아 보던 관청인 도화서를 거쳐 그림을 그리는 화원이 되었다. 신윤복은 김홍도의 영향을 받아 보던 관청인 자신만의 풍속화를 발전시켰다. 남녀의 구분이 엄격했던 조선 시대의 유교 여성을 받았지만 자신만의 풍속화를 발전시켰다. 남녀의 구분이 엄격했던 조선 시대의 유교 적 분위기에 반대되는 여성을 주로 그려 사람들의 비난을 받기도 했다.

주요 작품

▲ 단오풍정

▲ 쌍검대무

▲ 미인도

활동 이 내용이 담긴 디지털 인터넷 매체는 백 과 사 전 이다.

▲ 인터넷 백과사전에서 어떤 화가에 대한 정보를 찾은 것인지 모두 ○표를 하세요.

[김홍도] [신윤복] [김득신]

해설 인터넷 백과사전에서 찾은 것은 김홍도와 신윤복에 대한 정보입니다.

▲ 다음은 누구에 대한 설명인지 쓰세요. 답 김홍도

- 조선 시대의 화가이다.
- 스승 강세황의 추천으로 도화서의 화원이 되었다.
- 간결하면서도 힘차며 개성 있는 표현 방법으로 그림을 그렸다.
- 주요 작품으로 <서당>, <씨름>, <타작> 등이 있다.

해설 조선 시대의 화가이며, 스승 강세황의 추천으로 도화서의 화원이 된 사람은 김홍도입니다. 그는 간결하면서도 힘차며 개성 있는 표현 방법으로 그림을 그렸으며, 주요 작품으로 <서당>, <씨름>, <타작> 등이 있습니다.

활동 인터넷 백과사전에서 찾은 정보를 바탕으로 두 화가의 공통점과 차이점을 한 가지씩 더 써 보세요.

공통점

- 조선 시대에 서민들의 모습을 그린 풍속화가이다.
- 예) 그림에 관한 일을 맡아 보던 관청인 도화서의 화원이었다.

차이점

- 김홍도는 스승의 추천으로, 신윤복은 아버지 신한평이 대를 잇기 위해 도화서 화원이 되었다.
- 김홍도는 서민들의 생활을 많이 그린 반면, 신윤복은 여성을 주로 그렸다.
- 예) 김홍도는 정조로부터 최고의 화가라는 칭찬을 받았지만, 신윤복은 사람들의 비난을 받기도 했다.

해설 김홍도와 신윤복은 둘 다 도화서 화원이 된 것이 공통점입니다. 그리고 김홍도는 정조로부터 최고의 화가라는 칭찬을 받았지만, 신윤복은 사람들의 비난을 받기도 한 것이 차이점입니다.

풍속화에 대하여 알아보기

- 서민들의 생활 모습을 그린 그림이다.
- 옛날 사람들이 어떤 옷차림을 하였는지 연구할 수 있는 소중한 자료이다.
- 서민 문화가 발달한 조선 후기에 크게 발전했다.
- 김홍도, 신윤복, 김득신 등이 신은 조선 시대를 대표하는 풍속화가이다.

26 페이지

4회 과학

2 인터넷 뉴스를 읽고 온라인 대화방에 글 쓰기

미세먼지 '나쁨'

미세먼지가 전국 곳곳에 계속되고 있어요. 인터넷 뉴스의 '날씨'에서는 오늘과 같이 미세먼지 농도가 높을 때 주의할 점에 대해 알려 주었어요. 인터넷 뉴스의 일기예보를 읽고 온라인 대화방에서 친구의 물음에 대한 답글을 써 보세요.

NEWS | HOT뉴스 | 정치 | 스포츠 | TV 연예 | 날씨

전국 곳곳에 미세먼지 '나쁨'

최보람 기자

오늘도 전국 곳곳에서 미세먼지가 계속 이어질 전망이다.

서울, 경기도, 대전, 충청도, 광주, 전라도 지역의 미세먼지 농도는 오전에는 '나쁨'이었다가 오후에 비나 눈이 내려 연서 대부분 지역에서 '보통' 수준을 회복할 것으로 보인다. 그 밖의 지역은 하루 종일 '보통'으로 예상된다. 오늘 낮 최고 기온은 평년보다 1~2도가 높겠고, 전국이 대체로 맑은 가운데 강원도와 경상도 지역은 아침까지 흐리고 비나 눈이 내리는 지역이 있겠다. 특히 강원도 일부 지역에서는 폭설이 내릴 예정이다.

기상청 관계자는 "이 지역은 어제(19일) 밤부터 많은 눈이 내려 도로가 미끄러운 곳이 많겠으니 출근길 교통안전에 신경써야 한다."고 말했다. 예상 강수량은 강원도 5~10mm, 경상도 5mm이다.

아침 최저 기온은 0~2도로 평년보다 낮지, 낮 최고 기온은 5~10도로 평년보다 높겠으나 중부 지방은 중심으로 낮 과 밤의 기온차가 10도 이상으로 크겠다. 미세먼지 농도가 '나쁨'이 7일 동안 이어지고 있으므로 외출하는 것을 줄이거나 외출을 할 때에는 반드시 미세먼지 차단 마스크를 쓰는 등 건강에 주의해야 한다.

내일(21일)은 서울과 경기도 지역을 제외한 전국 대부분의 지역에서 7일 만에 맑은 하늘을 볼 수 있을 것으로 예상된다.

내용정리 이 내용이 담긴 디지털 매체는 인터넷 [뉴][스]이다.

---

27 페이지

▲ 인터넷 뉴스를 읽고 알 수 있는 내용에 ○표를 하세요.

요즘 전국에 (장마, 미세먼지)가 7일째 계속 이어지고 있다.

해설 인터넷 뉴스는 미세먼지가 계속 이어지고 있다는 내용입니다.

▲ 인터넷 뉴스의 특징을 모두 골라 ○표를 하세요.

종이 신문과 다르게 기사의 길이가 자유롭다.

많은 사람들에게 정보를 빠르게 전달할 수 있다.

컴퓨터나 스마트폰 없이도 언제 어디서나 볼 수 있다.

해설 인터넷 신문 기사는 종이 신문과는 달리 컴퓨터나 스마트폰 등의 기계가 있어야 볼 수 있습니다.

활동 인터넷 뉴스에서 본 '날씨'의 내용을 바탕으로 하여 친구의 질문에 대한 답글을 써 보세요.

< 대화방 4   Q ≡

쭌: 오늘도 또 미세먼지 농도가 '나쁨'이네   오전 8:01

보민이 최고: 정문 밖을 보니 뿌옇네. 오늘 이 주말이라서 다행이야. 집에 있어야겠다.   오전 8:01

익꿍: 맞아. 오늘처럼 미세먼지 농도가 높은 날은 주의해야 해.   오전 8:02

< 대화방 4   Q ≡

보민이 최고: 미세먼지 농도가 높을 때에는 어떤 점을 주의해야 하는데?   오전 8:01

예. 외출하는 것을 줄이거나 외출을 할 때에 미세먼지 차단 마스크를 써야 해.   오전 8:03

해설 미세먼지가 심한 날에는 외출을 삼가는 것을 좋지만, 꼭 나가야 할 때에는 미세먼지 차단용 마스크를 착용하고 대기오염이 심한 곳을 피하는 것이 좋습니다. 그리고 외출 후에는 깨끗이 씻고, 물을 자주 마시면 좋습니다.

인터넷 뉴스의 특징

• 기사의 길이가 자유롭다.
• 많은 사람들에게 정보를 빠르게 전달할 수 있다.
• 내용과 관련이 있는 영상이 함께 제공되기도 한다.
• 컴퓨터나 스마트폰과 같은 기기가 있어야 볼 수 있다.

1주차 1

정답과 해설 12쪽

광고의 내용으로 알맞은 것에 ○표를 하세요.

☐ 반려동물 예절을 주제로 하는 공익 광고이다.
☐ 스마트폰 예절을 주제로 하는 공익 광고이다.

해설 이 광고는 반려동물 예절을 주제로 하는 공익 광고입니다.

활동 1 광고를 보고 안내문을 쓰려고 합니다. 어떤 내용을 쓰면 좋을지 정리해 보세요.

누구에게	안내할 내용
반려동물 예절을 지키지 않는 사람들	예 반려동물을 기를 때 지켜야 할 점

해설 공익 광고와 관련하여 안내할 내용을 생각해 써 봅니다.

활동 2 정리한 내용을 바탕으로 하여 아파트 게시판에 붙일 안내문을 완성해 보세요.

> **반려동물을 키우는 분들께 펫티켓을 알려드립니다**
>
> 첫째, 산책할 때에는 꼭 목줄을 사용해 주세요. 이때 자동줄은 고정시켜 주셔야 해요.
> 둘째, 공격성을 보이는 반려견은 입마개를 꼭 착용해 주세요.
> 셋째, 예 외출시 길이나 공원에 대소변을 볼 수도 있으므로 배변 봉투를 가지고 나가 깨끗하게 치워 주세요.
>
> 감사합니다.

해설 게시판의 '첫째', '와' '둘째' 이 내용을 살펴보고 '셋째' 에 추가해야 할 펫티켓의 내용을 써 봅니다.

강아지를 위한 펫티켓
· 자극적인 행동을 자제한다.
· 아무 음식이나 주지 않는다.
· 낯선 타인은 반려동물에게 다가오지 않아 달라는 것을 의미한다.

5회 문화

1 텔레비전 공익 광고를 읽고 안내문 완성하기

반려동물 예절

여러분에게도 반려동물이 있나요? 우리나라에는 반려동물을 키우는 사람들이 부쩍 많아졌어요. 반려동물의 예절인 펫티켓에는 무엇이 있는지 생각하며 텔레비전 공익 광고를 읽고 안내문을 써 보세요.

엄마와 산책을 나갔는데 우리를 향해 달려오는 무서운 것을 보았어요.

반려동물과 외출할 때는 목줄을 해야 하는 펫티켓, 잊지 마세요

· 펫티켓이란 반려동물과 에티켓(예절)을 합친 말로, 반려동물과 함께할 때 지켜야 할 예의를 말해요.

확인 이 내용이 담긴 디지털 매체는 텔레비전 공 익 광고이다.

5회 사회

2 카드 뉴스를 읽고 게시판에 댓글 쓰기

레밍 효과

유나는 오랜만에 언니 블로그를 방문했다가 '레밍 효과'라는 낯선 표현을 보고 궁금한 마음에 인터넷 카드 뉴스를 찾아보았어요. 유나가 언니의 블로그 게시판에 남긴 질문에 대한 답글을 써 보세요.

2 무작정 따라서 뛰어내리는 행동

레밍은 집단으로 이동하는 습성이 있다. 특히 노르웨이 레밍은 앞서가는 레밍을 무작정 따라가다가 단체로 절벽 아래로 뛰어내려 바다에 빠져 죽기도 한다. 이렇게 레밍이 집단 행동을 하는 이유는 아직 정확하게 밝혀지지 않았다.

1 레밍이라는 들쥐

왜 위에라도지 모든 채 절벽에서 단체로 뛰어내리는 동물이 있다. 바로 레밍이라는 들쥐이다. 북극 가까운 추운 지역에서 사는 레밍은 귀엽고 작은 몸집에 부드러운 털이 나 있어 복슬복슬하다.

4 무작정 따라 하기란?

옮고 그름에 대한 판단 없이 사회적인 영향력이 있는 다른 이유로 앞 사람을 무작정 따라 하면 우리 사회는 어떻게 될까?

3 레밍 효과!

무작정 앞 사람을 따라 행동하는 것을 레밍의 습성에 빗대어 레밍 효과라고 한다. 우리 주변에서도 이런 집단 현상을 종종 볼 수 있다. 유행에 따라 물건을 특정 유명인이 소개하면 무조건 믿고 사는 것 등이다.

확인 이 내용이 담긴 디지털 매체는 **카 드 뉴 스** 이다.

▲ 어떤 사회 현상에 대한 내용인지 알맞은 것에 ○표를 하세요.

[레밍 효과] [나비 효과] [위약 효과]

해설 '레밍 효과'에 대해 알리고 있습니다.

▲ 카드 뉴스의 내용으로 알맞지 않은 것이 기호를 쓰세요. 답 ㉮

㉮ 레밍은 다람쥐의 한 종류이다.
㉯ 레밍은 집단으로 이동하는 습성이 있다.
㉰ 노르웨이 레밍은 이동하는 중에 앞서가는 레밍이 절벽 아래로 떨어지면 무작정 함께 떨어진다.
㉱ 레밍 효과란 무조건 상대를 따라 행동하는 것을 말한다.

해설 레밍은 다람쥐가 아니라 들쥐의 한 종류입니다.

활동 다음은 유나가 사촌 언니 블로그의 게시판에 남긴 내용입니다. 유나가 남긴 질문에 대한 여 답글을 써 보세요.

언니게시판

예 언니, 안녕? 나 유나야. 언니가 올린 글 중에 레밍 효과라는 말이 있어서 인터넷 자료를 찾아보았어. 다른 말로 '쏠림 현상'이라고도 한대. 남들이 하니까 못하는 건 위험한 일인 것 같아. 우리 주위에서 또 어떤 예가 있어?

[📷 사진 첨부하기]

해설 남들이 모두 한다고 해서 무작정 따라 하는 사회 현상이나 주위의 경향, 내가 겪은 경험 등을 떠올려 써 봅니다.

카드 뉴스에 대하여 알아보기

- 전달하고자 하는 정보를 짧은 글과 사진, 그림으로 구성하여 표현한다.
- 시각적인 효과와 함께 핵심 내용을 전달하는 것이 중요하요.
- 차례대로 넘겨볼 수 있어 모바일 및 소셜 네트워크 서비스 환경에서 일반 뉴스보다 읽기 쉽고 전파력이 높다.

확인 문제

1 온라인 대화를 할 때 지환이가 고쳐야 할 점은 무엇인지 ○표를 하세요.

이모: 지환아, 맞이 대회 본선 진출은 한 거야?
지환: ㄴㄴㅋ 본선까지는 못 가서 엄빠가 아쉬워하셨어요.

(1) 주제와 관련 있는 말을 해야 한다. ( )
(2) 줄임말 대신 올바른 우리말을 사용해야 한다. (○)

해설 온라인 대화에서는 줄임말이나 유행어, 비속어 등을 쓰지 않고 올바른 말을 사용해야 합니다.

2 다음은 어디에서 찾은 자료인가요? (⑤)

금성(Venus)

① 블로그 ② 인터넷 뉴스 ③ 온라인 대화방
④ 인터넷 게시판 ⑤ 인터넷 백과사전

해설 인터넷 백과사전에서 찾은 자료입니다.

3 다음 밑줄 그은 외국어를 우리말로 순화시킨 말은 무엇인지 쓰세요.

소셜 네트워킹 서비스에 가입한 이용자들이 서로 정보와 의견을 공유하면서 대인 관계망을 넓힐 수 있는 온라인 매체를 '소셜 미디어(social media)'라고 일컫는다.

(누리 소통 매체)

해설 우리말로 바꿀 수 있는 외국어는 순화시켜서 쓰도록 합니다.

4 다음은 무엇에 대한 설명인지 쓰세요.

• 시민들의 생활 모습을 그린 그림이다.
• 옛날 사람들이 어떤 옷차림을 하였는지 연구할 수 있는 소중한 자료이다.
• 시민 문화가 발달한 조선 후기에 크게 발전했다.

(풍속화)

해설 제시된 내용은 조선 후기 발달한 풍속화에 대한 설명으로, 대표적인 화가로는 김홍도와 신윤복, 김득신 이 있습니다.

확인 문제

5 다음은 무엇에 대한 설명인가요? (③)

옳은 것, 해야 할 것 또는 하지 말아야 할 것 등에 관한 일반적인 생각을 말하는 것으로 사람마다 다양하다.

① 목표 ② 성공 ③ 가치관 ④ 약속 ⑤ 생활

해설 건강한 가치관을 가지기 위해서는 좋은 습관, 좋은 생각 등이 도움이 됩니다.

6 다음은 어떤 매체에 대한 설명인지 알맞은 말에 ○표를 하세요.

인터넷 (뉴스 , 백과사전)은/는 많은 사람에게 빠르게 정보를 전달할 수 있고 기사의 길이가 자유로우며, 영상을 함께 제공할 수 있는 설명입니다.

해설 인터넷 뉴스에 대한 설명입니다.

7 다음 매체에 대한 설명으로 알맞은 것을 두 가지 고르세요. (③ , ⑤)

① 신문에 실린 광고이다.
② 영상으로 만들어진 것이다.
③ 사진과 글로 구성된 읽을거리이다.
④ 실리는 내용이 너무 길어질 수 있다.
⑤ 일반 뉴스에 비해 읽기가 쉽고 전파력도 높다.

해설 카드 뉴스는 사진과 글로 구성되어 일반 뉴스보다 읽기가 쉽고 전파력도 높습니다.

2

주차

정답과 해설

▲ 댓글로 제안해야 할 내용으로 알맞은 것에 ○표를 하세요.

- 마을을 위해 개선할 점 ○
- 어려운 이웃을 도울 수 있는 방법 ☐
- 마을의 도서관을 늘릴 수 있는 방법 ☐

해설 마을을 위해 개선할 점을 댓글로 제안해야 합니다.

▲ 인터넷 게시판에 제안하는 글을 쓸 때 주의할 점에 대해 알맞게 말한 친구의 이름을 쓰세요.

답 선우

세훈: 이름을 밝히지 않고 제안해야 해.
태호: 가능하면 제안하는 내용이 드러나지 않도록 써야 해.
선우: 상황에 맞게 실천 가능성이 있는 것을 제안해야 해.

해설 인터넷 게시판에 제안하는 글을 쓸 때에는 상황에 맞게 실천 가능성이 있는 내용을 제안합니다.

활동 인터넷 게시판에 쓴 마을 사람들의 댓글을 참고하여 한 줄 제안을 댓글로 써 보세요.

💬 댓글

댓글 달기

예) 전동 킥보드를 이용하는 사람들이 늘어나고 있습니다. 전동 킥보드 이용 시 안전 수칙을 잘 지키면 좋겠습니다. / 엘리베이터 안에 쓰레기를 버리지 않았으면 좋겠습니다.

1000자 이내   등록

해설 모두가 살기 좋은 마음이 되기 위해서 어떤 점을 제안하고 싶은지 생각해 봅니다.

제안하는 글을 쓸 때 주의할 점

- 우리 주변에 있는 문제 상황을 생각해 본다.
- 제안 사항이 분명하게 드러나도록 쓴다.
- 상황에 맞게 실천 가능성이 있는 방법을 제안한다.
- '~하면 어떨까요?', '~하면 좋겠습니다.' 등의 표현을 써서 제안한다.

1회
생활

1 인터넷 게시판을 읽고 댓글 쓰기

한 줄 제안

마을 누리집에 공지가 올라왔어요. 생활하면서 느꼈던 불편 사항 해소를 위해 제안한 점을 댓글로 쓰는 거예요. 마을 사람들이 쓴 댓글을 읽어 보고, 내가 한 줄 제안을 한다면 어떤 내용으로 합지 써 보세요.

자유 게시판

🏠 참여 소통 > 열린 게시판 > 자유 게시판

모두가 살기 좋은 마을을 위한 개선 사항 제안하기
20○○. 11. 01 ~ 11. 30

작성자: 관리자
2000.11.01 16:50 / 조회 177

안녕하십니까?
모두가 살기 좋은 마을을 만들기 위해 여러분 모두는 노력하는 마을협의회 회장입니다. 이번 달 행사로 우리 마을을 위한 특별한 댓글 제안을 받아 보고자 이렇게 인사드립니다. 더욱 살기 좋은 우리 마을이 될 수 있도록 개선되었으면 하는 부분들이 있다면 여러 가지 제안을 댓글로 남겨 주십시오. 마을 사람들의 공감을 많이 얻은 댓글들은 마을 사업 진행 시 우선적으로 시작하도록 하겠습니다.
나의 내 가족이 이웃과 함께 행복할 수 있는 마을을 만들기 위해 주인 여러분의 많은 참여 부탁드립니다.

💬 공감하기 ∨   💬 댓글 3 | ∧

ㄴ **정선우** 산책로에 깨진 가로등이 종종 있습니다. 밤의 안전을 위해 가로등을 좀 더 자주 점검해 주셨으면 좋겠습니다.

ㄴ **이재석** 버스를 타기 위해 정류장 앞 도로를 무단 횡단하는 사람들이 있습니다. 안전을 위해 정류장 앞 도로에 중앙 분리대를 설치하면 좋겠습니다.

ㄴ **김현정** 산책로에 강아지 배변 봉투를 그냥 버리는 사람들이 있습니다. 배변 봉투는 각자의 집으로 가져가 버렸으면 좋겠습니다.

어휘 이 내용이 담긴 디지털 매체는 인터넷 | 게 | 시 | 판 | 이다.

2회 · 2주차 · 사회

정답과 해설 18쪽

안동 국제 탈춤 페스티벌을 소개해요

주니아빠 · 2020.09.28. 19:25

안동은 유교 문화의 고장이자 탈춤의 고장입니다. 낙동강이 마을 한복판을 가는 하회마을은 2010년에 유네스코 세계 유산에 등재되었지요. 이번에 우리 가족은 안동 국제 탈춤 페스티벌에 다녀왔어요.

여러 가지 볼거리가 가득한 안동 국제 탈춤 페스티벌

안동 하회마을에는 8000년 전부터 하회 별신굿 탈놀이가 전해 오고 있습니다. 별신굿은 현재 5년이나 10년마다 마을의 안녕과 풍년을 기원하는 큰 마을 굿인데 이때 탈놀이가 행해졌지요. 탈놀이에 사용되는 각시탈, 양반탈, 선비탈, 할미탈 등은 개성이 잘 표현되어 있고, 조형미가 뛰어나며, 예술적 가치도 높아 국보로 지정되었습니다.

안동은 이런 문화적 배경을 바탕으로 1997년부터 안동 국제 탈춤 페스티벌을 열고 있어요. 축제에는 우리나라뿐만 아니라 러시아, 일본, 불가리, 말레이시아, 이스라엘 등 외국 공연단이 함께 참여해 세계적인 축제의 모습을 보여 준답니다.

탈춤은 원래 백성들의 생각과 감정을 드러내고, 놀이꾼과 구경꾼이 함께 어울리는 놀이입니다. 축제에서도 시민과 관객, 외국 공연단이 모두 어울리는 '탈놀이' 마당 난장 퍼레이드, 프로그램을 통해 함께 즐기는 무대를 경험할 수 있을 뿐 아니라 다양한 마당극과 창작극도 즐길 수 있습니다. 즐거움이 가득한 안동 국제 탈춤 페스티벌을 놓치지 마세요.

#탈춤 #탈놀이 #탈춤 #지역축제 #페스티벌 #안동하회마을

탈춤(탈놀이)에 대해 알아보기

- 얼굴에 탈(가면)을 쓰고 춤추며 말과 노래로 먹는 연극의 한 종류로, 탈춤·탈놀이 등으로 부른다.
- 지역에 따라 북청 사자놀음, 봉산 탈춤, 송파 산대놀이, 안동 하회 별신굿 탈춤 등이 전해 온다.

1회 · 2주차 · 사회

② 웹툰과 블로그를 읽고 광고 만들기

안동 국제 탈춤 페스티벌

영준이네 가족은 고장에서 열리는 안동 국제 탈춤 페스티벌에 다녀왔어요. 영준이와 부모님은 각자 운영하는 SNS에 축제에 다녀온 이야기를 올렸어요. 정보를 바탕으로 하여 축제를 알리는 홍보 포스터를 만들어 보세요.

영준이의 새로운 사진 1장을 추가했습니다.

안동 국제 탈춤 페스티벌

안동 국제 탈춤 페스티벌

- 축제 장소: 경상북도 안동시 안동 탈춤 공원, 안동 시내 일대
- 축제 기간: 2020년 9월 27일 ~ 10월 6일 (9월 마지막 주 금요일 ~ 10월 첫째 주 일요일)
- 축제 형식: 한국 탈춤 / 외국 탈춤 / 탈놀이 대동 난장 퍼레이드

사민 관람객, 외국 공연단이 모두 하나 되어 즐기는 무대

- 마스크 페스티킹 대회
- 탈댄스
- 안동 민속 축제
- 하회마을 전통 한마당
- 자유 참가형 공연

활동 이 내용이 담긴 디지털 매체는 **웹** **툰** 과 **블로그** 이다.

활동 1 블로그를 보고 안동과 안동 국제 탈춤 페스티벌에 대해 정리해 보세요.

안동 하회마을에는 800여 년 전부터 (하회 별신굿 탈놀이)이/가 전해 오고 있다.

낙동강이 마을을 휘돌아 가는 (하회마을)은/는 2010년에 유네스코 세계 유산에 등재되었다.

탈춤은 놀이판과 구경꾼 ( )이/가 함께 어울리는 놀이이다.

안동시는 1997년부터 (탈춤)을/를 테마로 안동 국제 탈춤 페스티벌을 열고 있다.

해설 안동 하회마을은 경주 양동마을과 함께 역사 마을로서 가치를 인정받아 유네스코 세계 유산에 등재되었습니다. 하회마을에는 하회 별신굿 탈놀이가 전해 오고 있습니다. 이런 문화적 배경으로 안동은 탈과 탈춤을 테마로 안동 국제 탈춤 페스티벌을 열고 있습니다.

활동 2 지금까지 살펴본 축제 정보를 바탕으로 SNS에 올릴 안동 국제 탈춤 페스티벌 광고를 만들어 보세요.

얼쑤! 탈춤 축제 한마당

- 축제 기간: 9월 27일(금) ~ 10월 6일(일)
- 축제 장소: 안동 탈춤 공원, 안동 시내
- 축제 행사: 한국 탈춤, 외국 탈춤, 마스크 퍼레이드 등

안동 하회 별신굿 탈놀이의 숨결이 이어져 내려오는 안동에서 탈춤의 흥에 함께 빠져 보세요.

해설 안동 국제 탈춤 페스티벌의 행사 내용이 잘 드러날 수 있도록 만들어 봅니다.

예 탈춤 페스티벌로 Go! Go!

안동 국제 탈춤 페스티벌의 하이라이트 탈놀이 마당 난장 파레이드'에 여러분을 초대합니다.

- 축제 기간: 9월 27일(금) ~ 10월 6일(일)
- 축제 장소: 안동 탈춤 공원, 안동 시내
- 축제 행사: 한국 탈춤, 외국 탈춤, 탈놀이 대동 난장 파레이드, 마당극 청착노정 등

▲ 영준이네 가족이 다녀온 지역 축제는 어느 것인지 ○표를 하세요.

[베네치아 가면 축제]　[안동 국제 탈춤 페스티벌]　[춘천 마임 축제]

해설 영준이네 가족은 안동시에서 열리는 안동 국제 탈춤 페스티벌에 다녀왔습니다.

▲ 국제 탈춤 페스티벌이 열리는 지역은 어디인지 지도에서 찾아 ○표를 하세요.

서울　인천　대전　대구　안동　울산　부산　광주　울릉도　독도　제주도

해설 하회 별신굿 탈놀이가 전해 오는 안동은 탈과 탈춤을 주제로 1997년부터 안동 국제 탈춤 페스티벌을 열고 있습니다.

▲ 탈춤에 대한 설명으로 잘못된 것을 골라 ○표를 하세요.

얼굴에 탈을 쓰고 춤을 추며 말과 노래로 이야기를 전하는 연극의 한 종류이다.

지역에 따라 봉산 탈춤, 안동 하회 별신굿 탈놀이 등이 전해 온다.

구경꾼이 함께 어울리기보다 놀이꾼이 놀이를 펼칠 때까지 조용히 관람하는 것이 공연 예절이다.

해설 탈춤은 놀이꾼과 구경꾼이 함께 만들어 가는 놀이로, 탈춤 상황에 구경꾼을 동참시키기도 하고 구경꾼이 흥을 돋우기도 합니다.

2회 과학

1 뉴스 방송 대본을 읽고 실천 방안 쓰기

지구 1도씨

우리가 살고 있는 지구의 온도가 점점 오르고 있어요. 지구 1도씨(1℃)는 인류의 생존이 달려 있는 문제예요. 텔레비전 뉴스에서 지구 기후 변화로 인해 발생될 일들을 살펴보고, 지구 온도를 낮출 수 있는 실천 방안을 학급 게시판에 써 보세요.

지구 온도 상승…이대로 괜찮은가?

해마다 여름에는 더 더워지고 겨울에는 더 추워지고 있습니다. 그 원인은 바로 지구의 평균 온도 상승에 있다고 합니다. 지구의 평균 온도가 가파르게 상승했습니다.

이상승 기자: 지구의 온도는 지난 200년간 약 1도씨 상승했습니다. 현재 지구의 평균 온도는 약 15도씨입니다. 지구의 온도가 1도씨 더 상승한다면 지구의 미래는 어떻게 될까요? 전문가의 의견을 들어 보겠습니다.

전문가: 지구의 온도는 태양에서 받는 복사 에너지만큼 지구 복사 에너지를 우주로 내보내 유지하는 온도입니다. 복사 에너지란, 물체에서 직접 전달되는 에너지를 말합니다. 지구의 온도가 일정 수준으로 유지될 수 있었던 것은 인류가 배출한 이산화탄소을 식물과 바다가 흡수하고, 빙하는 태양 빛을 반사했기 때문입니다. 그런데 지구의 온도 상승으로 빙하가 줄게 되면서 해수면의 온도가 점점 상승하는 결과를 낳게 되었습니다. 높아진 수온은 강력한 태풍, 집중 호우, 홍수 등을 일으키고 있을 뿐만 아니라 아프리카 지역은 가뭄, 사막화 등으로 고통을 겪고 있습니다. 빙하가 녹으면서 해수면이 상승해 작은 섬들 물에 잠기게도 합니다. 만약 지구의 온도가 1도씨 더 오른다면 지구의 미래는 불투명해질 수밖에 없습니다.

이상승 기자: 과학자들은 2033년이 되면 지구 평균 온도가 1.5도씨 상승할 것이라고 발표했습니다. 이는 애초에 2050년으로 예상했던 것보다 17년이나 앞당겨진 것입니다. 지구 온도 상승으로 인한 지구 온난화가 가져올 어두운 미래를 맞닥뜨리지 않기 위해서 우리가 해야 할 일을 생각해 봐야 할 때입니다. 지금까지 ETS 이상승 기자였습니다.

확인 이 내용이 담긴 디지털 매체는 텔레비전 [뉴|스]이다.

2주차 2

정답과 해설 20쪽

▲ 빈칸에 공통으로 들어갈 알맞은 말을 써넣으세요.

지구의 온도는 태양에서 받는 (복사) 에너지만큼 지구 (복사) 에너지를 우주로 내보내 유지하는 온도이다.

해설 지구의 온도는 태양에서 받는 복사 에너지만큼 지구 복사 에너지를 우주로 내보내 유지하는 온도입니다. 태양이 내보내는 복사 에너지는 가시광선, 적외선, 자외선 등이고, 지구가 내보내는 복사 에너지는 주로 적외선입니다.

▲ 텔레비전 뉴스를 통해 알 수 있는 내용으로 알맞은 것에 ○표를 하세요.

지구의 평균 온도는 200년 전과 같다. [ ]

태풍, 집중 호우, 가뭄, 사막화 등은 지구 온도 상승과 관련 있다. [○]

해설 지구의 기온은 지난 200년간 약 1도씨 상승했습니다.

활동 학급 게시판에 지구의 온도를 1도씨 낮추기 위해 우리가 해야 할 수 있는 환경 지킴 실천 방안을 써 보세요.

OO초등학교 학습 게시판
5학년 3반
알림장
우리반 친구들
시간표
갤러리
3반 이야기
3반 학습하기
건의하기
방명록

지구 환경을 지켜요
예 지구 온도가 더 이상 오르지 않도록 가까운 거리는 걷거나 자전거를 이용하고, 여름과 겨울에는 실내 적정 냉난방 온도를 유지해야 합니다. 그리고 일회용품 사용을 줄여야 합니다.

해설 환경을 지켜 나가기 위해 우리가 실천할 수 있는 일을 생각해 봅니다.

생활 속 지구 온난화 예방 방안
· 대중교통을 이용한다.
· 일회용품 사용을 줄인다.
· 주기적으로 나무를 심는다.
· 여름과 겨울철에 실내 온도를 적정하게 유지한다.

2회 인물

2 블로그를 읽고 댓글 쓰기

산다 싱의 삶

지혜는 인도의 위인을 찾아보다가 우연히 '산다 싱'이라는 인물을 알게 되었어요. 그리고 그의 일화를 통해 동행하는 삶에 대해 깊이 생각하는 시간을 가질 수 있었어요. 산다 싱의 삶에 대한 내 생각을 댓글로 써 보세요.

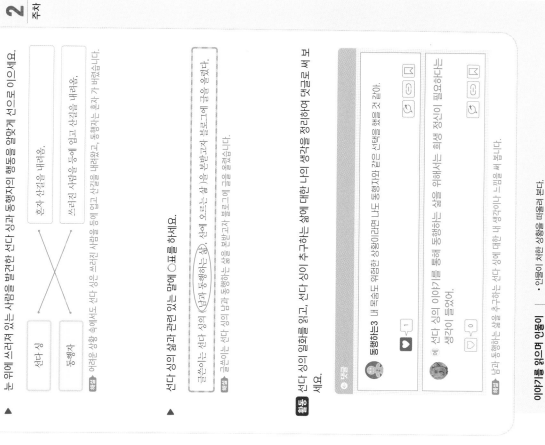

산다 싱의 깨달음

지혜와 가을

산다 싱(1889~1929)은 터키로, 간다와 더불어 인도의 위대한 인물 중 한 명으로 꼽힌다. 산다 싱이 추구했던 삶이 무엇인지 그의 일화를 통해 소개해 보고자 한다.

어느 날, 산다 싱은 동행자와 함께 히말라야 산맥을 넘고 있었다. 눈보라가 몰아쳐 사람을 의지하며 힘겹게 산길을 내려오는 다, 눈 위에 쓰러져 있는 한 사람을 발견하게 되었다.

"이 사람을 업고 갑시다. 그냥 두고 가면 추위에 목숨을 잃게 될 거예요."

그러자 동행자는 고개를 저으며 대답했다.

"이 사람을 데려가다가는 우리 목숨까지 위험해져요. 그냥 갑시다!"

산다 싱이 애쓰거리, 동행자는 혀를 차며 먼저 앞으로 가 버렸다. 결국 산다 싱 혼자 쓰러진 사람을 업고 힘겹게 산길을 내려온지 차츰 기운을 차림수 있게 되었다. 산다 싱은 역시 전해지는 온기를 체온이 유지되었는지 차츰 기운을 차림처럼 내려오더니, 이번에는 눈 위에 쓰러져 죽어 있는 사람이 있었다. 가까이 다가가 살펴보니 그 사람은 먼저 혼자 살겠다고 서둘러 내려간 산다 싱의 동행자였다. 그 후 사람들이 산다 싱에게 인생에서 가장 위험할 때가 언제냐고 물으면 그는 이렇게 대답하곤 했다.

"내가 지고 기아를 집이 없을 때가 인생에서 가장 위험한 때입니다."

#산다싱 #인도 #히말라야 #산다싱의깨달음 #타고르건다이선다싱위인

▲ 눈 위에 쓰러져 있는 사람을 발견한 산다 싱과 산과 동행자의 행동을 알맞게 선으로 이으세요.

| 산다 싱 | 혼자 산길을 내려옴. |
| 동행자 | 쓰러진 사람을 등에 업고 산길을 내려옴. |

▲ 산다 싱의 삶과 관련 있는 말에 ○표를 하세요.

활동 산다 싱의 일화를 읽고, 산다 싱이 추구하는 삶에 대한 나의 생각을 정리하여 댓글로 써 보세요.

이야기를 읽으며 인물이 추구하는 삶을 파악하는 방법

- 인물이 처한 상황을 떠올려 본다.
- 인물이 처한 상황에서 인물이 한 말과 행동을 알아본다.
- 인물이 처한 상황에서 그렇게 말하고 행동한 까닭을 생각해 본다.

2 주차

정답과 해설 22쪽

3회 생활

1 온라인 대화를 읽고 위로하는 말 하기

한솔아, 힘내

오늘은 한솔이가 수영 대회에 나간 날이에요. 수영 대회에서 항상 순위 안에 드는 한솔이였느네 웬일인지 결과가 좋지 않아서 실망하고 있어요. 한솔이에게 진심이 담긴 위로의 말을 해 보세요.

< 5학년 4반 오인방 5

에쁜 지영 애들아, 지금쯤 한솔이 수영 대회 잘 끝났겠지? _오전 12:30_

대장 민서 한솔이가 그동안 열심히 준비한 만큼이나 결과도 좋을 것 같아. _오전 12:36_

호현 최고 한솔이는 매번 우승하는데 뭘 걱정이야? 이번에도 당연히 우승이지. _오전 12:36_

에쁜 지영 말을 좀 장난스럽게 하지 말고 진지하게 하면 좋을 것 같아. _오전 12:36_

가을 선채 한솔아, 수고했어. 오늘 결과는 어땠어? 잘 됐어? _오전 12:42_

대장 민서 주인인데도 일찍 일어나서 대회 가느라고 피곤했겠다. 그동안 열심히 연습했으니까 결과도 좋을 것 같은데? 궁금궁금 _오전 12:43_

애들아, 나 _오전 12:40_

< 5학년 4반 오인방 5

너희들도 기대가 컸구나. 한 일 동안 연습 시간을 제대로 조절하지 못했더니 오늘 몸 상태가 좀 안 좋아 나 봐. 결과는 뭐 메달권은 들었어도 안 됐어. 속상해. _오전 12:50_

호현 최고 몸 상태가 안 좋았다고? 내가 뭐랬어? 연습 조금만 하랬잖아! 내 말 들었어야지 _오전 12:51_

가을 선채 호현아, 무슨 말을 그렇게 하니? 한 솔이도 속상할 텐데. _오전 12:52_

에쁜 지영 그래, 선채 말이 맞아. 위로가 필요한 상황이잖아! _오전 12:53_

대장 민서 한솔아, 우리는 모두 네 실력을 알고 있어. 너무 속상해하지 말고. 우리 너무 모여서 맛있는 떡볶이나 먹으러 가자. _오전 12:55_

애들아, 고마워. 역시 너희들이 **최고야**. 이따 보자. _오전 12:56_

> 이 내용이 담긴 디지털 매체는 온 라 인 대 화 방 이다.

▲ 온라인 대화 내용으로 알맞은 것에 ○표를 하세요.

> 한솔이를 (축하, **위로**)하는 내용의 대화이다.

해설 '5학년 4반 오인방' 온라인 대화방에서는 한솔이를 위로하는 대답을 하고 있습니다.

▲ 온라인 대화방에서 다음과 같은 태도를 보인 친구의 이름을 쓰세요. 답 **호현(호현 최고)**

- 친구들에게 장난스럽게 말한다.
- 상대방의 기분을 생각하지 않고 말한다.

해설 친구들에게 장난스럽게 말하고, 상대방이 기분을 생각하지 않고 말한 친구는 '호현'입니다.

활동 내가 온라인 대화에 참여했다면 한솔이에게 어떤 말을 하였을지 진심이 담긴 위로의 말을 써 보세요.

< 대화방

한솔

너희들도 기대가 컸구나. 한 일 동안 연습 시간을 제대로 조절하지 못했더니 오늘 몸 상태가 좀 안 좋아 나 봐. 결과는 뭐 메달권은 들었어도 안 됐어. 속상해. _오전 12:50_

< 대화방

예) 오늘은 아쉽겠지만 앞으로 대회는 또 있잖아. 넌 실력이 뛰어나니까 다음에 좋은 결과가 있을 거야.

해설 위로의 말을 할 때에는 상대방의 처지를 이해하고 진심을 담아 말해야 합니다.

SNS에서 위로의 말 하기

- 텍스트로만 전하기 때문에 오해가 있을 수 있으므로 조심해야 한다.
- 상대의 입장을 고려하여 마음에 상처가 될 수 있는 표현은 하지 않아야 한다.
- 이모티콘 등을 적절하게 사용하면 마음을 표현하는 데 도움이 될 수 있다.

3회 문화

2 블로그를 읽고 마인드맵으로 정리하기

정월 대보름

우리나라의 여러 가지 세시 풍속 중 '정월 대보름'은 음력 1월 15일 새해 첫 보름달이 뜨는 날을 기념하여 특별한 행사를 한 날이에요. '정월 대보름'에 대한 내용을 마인드맵으로 정리해 보세요.

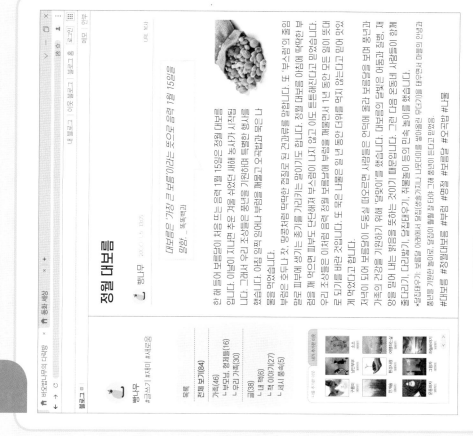

빵나무
#글쓰기 #세미 #세트로움

목록
전체 보기(84)
가족(46)
└ 부모님 형제들(16)
└ 우리 가족(30)
글(38)
└ 내 책(4)
└ 낙서 이야기(27)
└ 세시풍속(5)

정월 대보름

빵나무 2000.ㅇ.ㅇ 15:35

대보름은 '가장 큰 보름'이라는 뜻으로 음력 1월 15일을 말함.
출처: __ 독독백과

한 해 동안 보름달이 차츰 또는 음력 1월 15일은 정월 대보름입니다. 이날이 지나면 추운 겨울 쉬었던 새해 농사가 시작됩니다. 그래서 우리 조상들은 한 해를 기원한 특별한 행사를 했습니다. 아침 일찍 일어나 부럼을 깨물고 오곡밥과 묵은 나물을 먹었습니다.

부럼은 호두나 잣, 땅콩처럼 딱딱한 껍질로 된 견과류를 말합니다. 또 '부스럼'이 좋아 일찍 부럼을 깨물면서 1년 동안 모든 일이 뜻대로 이루어지길 바란 것입니다. 또 묵은 나물을 익지 않는다고 믿어 맛이 있어 개 먹었다고 합니다.

자식이 되어 보름달이 두둥실 떠오르면 사람들은 언덕에 올라 보름달을 보며 풍년과 가족의 건강을 기원하기 위해 '달맞이'를 했습니다. 대보름의 달맞이 어둠과 긍정, 재앙을 이겨 내는 밝음을 뜻하는 것이기 때문입니다. 그런 다음 운동내 사람들이 함께 좋다리기, 다리밟기, 달집태우기 등의 민속 놀이를 했습니다.

★달맞이: 보름달 아래에서 달집(솔솔가지나 나뭇더미를 쌓아올린 무더기)을 태우면서 마음의 기원과 인형과

#대보름 #정월대보름 #부럼 #묵은 #풍년 #보름달 #오곡밥 #나물

확인: 이 나무의 담긴 디지털 마게에는 [블][로][그]이다.

▲ 블로그의 내용으로 알맞은 것에 ○표를 하세요.

- 보름달이 뜨는 과학적인 원리에 대한 설명이 나타난 글 [ ]
- 우리나라의 세시 풍속 정월 대보름에 대한 설명이 나타난 글 [○]

해설: 우리나라의 세시 풍속 정월 대보름의 뜻과 유래, 하는 일 등이 나타난 글입니다.

▲ 블로그를 활용해 글의 주제와 관련된 내용을 검색하려고 합니다. 알맞지 않은 키워드가 포함된 것의 기호를 쓰세요. [답] ㉯

㉮ 정월 대보름, 풍년, 민속 놀이
㉯ 정월 대보름, 부럼, 보름달, 세배
㉰ 정월 대보름, 오곡밥, 달맞이, 민속 놀이
㉱ 정월 대보름, 부럼, 보름달, 풍년

해설: 키워드는 내용의 핵심 주제와 관련된 낱말을 말합니다. ㉯의 '세배'는 '설'의 키워드로 알맞습니다.

활동 우리나라의 세시 풍속 '정월 대보름'을 마인드맵으로 정리하여 써 보세요.

정월 대보름
- 음식: 부럼 · 오곡밥 · 묵은 나물
- 민속 놀이: 줄다리기 · 다리밟기 · 달집태우기 · 쥐불놀이
- '달맞이를 한 까닭': 풍년 · 가족의 건강
- 뜻: 가장 큰 보름

해설: 정월 대보름날의 뜻, 먹는 음식, 달맞이를 한 까닭, 민속 놀이에 해당하는 내용을 간단하게 정리해 봅니다.

블로그 글쓰기를 할 때 꼭 알아야 할 '키워드'
- 설명 또는 제목의 중요한 내용을 요약한 핵심적인 단어 또는 문구를 말한다.
- 단어나 문서를 검색할 때 해당어를 이용하면 연관된 정보를 쉽게 찾을 수 있다.
- 블로그에 글을 쓴 후 내용 관련 핵심 키워드를 써넣으면 쉽게 검색될 수 있다.

4회 과학

1 온라인 대화를 읽고 대화하기

사춘기가 시작되었어요

슬기로운 방학생활을 위해 친구들이 온라인 대화방을 만들었어요.
방학생활의 정보도 공유하고 서로 고민을 상담하기도 해요. 여드름이 고민인 지우에게 도움을 줄 만한 말을 생각하여 써 보세요.

활동 이 내용이 담긴 디지털 매체는 온 라 인 대 화 방 이다.

▲ 온라인 대화의 내용으로 알맞은 것에 ○표를 하세요.

지우의 여드름 고민 〔 ○ 〕

지우의 방학생활 계획 〔 〕

해설 지우가 여드름 고민을 말하고 있습니다.

▲ 친구들이 주고받은 여드름에 대한 내용 중 알맞은 것의 기호를 쓰세요. 답 ㉰

㉮ 여드름은 세수를 안 해서 생긴 것이다.

㉯ 여드름은 치약을 바르면 낫는다.

㉰ 여드름은 사춘기에 호르몬이 왕성해지면서 생긴다.

해설 여드름은 사춘기에 호르몬이 왕성해지면서 생깁니다.

활동 지우가 깨끗한 피부를 만들기 위해 어떻게 해야 하는지 고민하는 내용을 보내 왔어요.
어떤 말을 해줄 수 있는지 써 보세요.

대화방 3

김지우 오전 10:51
병원에서 준 약을 먹고 있는데도 금방 좋아지지가 않네. 어떡하지?

서자수 오전 10:53
계속 얼굴에 신경을 쓰면 좋지 않을 것 같아. 우선 마음을 편히 가져 봐.

해설 지우의 상황을 생각하여 위로하거나 도움이 될 만한 말을 해 봅니다.

대화방 3

예) 지우야, 여드름이 하루 아침에 없어지지는 않을 거야. 차분한 마음으로 잘 관리하고 단 음식이나 기름기 많은 음식들은 좋여 봐. 그리고 물을 충분히 마시면 좋아질 거야.

SNS로 대화를 할 때 필요한 자세

• 내 생각과 입장만 강조하기보다 상대방의 말에 귀 기울여야 한다.
• 상대의 말을 듣고 판단하기 전에, 상대의 마음이 어떠했는지 이해한다.
• 배려와 공감을 바탕으로 소통해야 한다.

온라인 대화를 통해 알 수 있는 내용이 아닌 것에 ○표를 하세요.

5학년 3반 아이들이 요양원에서 봉사 활동을 했다.

요양원의 할아버지, 할머니는 집에 누워만 계셨다.

확인 은주는 다음의 음악이 못해 게시는 요양원 어르신들을 위한 프로그램도 준비하자고 했습니다.

▲ 인터넷 학급 신문에 실을 사진과 인터뷰 내용을 정리 중입니다. 사진을 보고, 빈칸에 들어갈 인터뷰 내용을 생각하여 써 보세요.

오늘 가장 기억에 남는 일은 무엇이었나요?

요양원 안에만 앉아서 즐거울 일이 없었는데 손자 같은 아이들이 춤 공연을 하니 10년은 젊어진 것 같은 기분이 들었다오.

예 춤 공연이 제일 신났지. 어린 친구들이 신나게 춤추는 모습을 보니까 나도 절로 어깨가 들썩 들썩 흥겨웠지.

해설 온라인 대화 내용을 참고해 봉사 활동과 인터뷰 내용을 유추해 정리합니다.

활동 단우가 되어 인터넷 학급 신문에 올릴 요양원 봉사 활동의 소감을 써 보세요.

예 비록 짧은 시간이었지만 할머니, 할아버지들께서 즐거워하시는 모습을 보며 행복을 나누어 드린 것 같아 뿌듯했습니다.

봉사나 체험 활동을 한 후 정리할 내용

단우가 쓴 봉사 활동 소감 내용을 떠올려 보고 간단하게 정리해 봅니다.

- 봉사나 체험을 준비하면서 힘들었던 점이나 아쉬웠던 점
- 봉사나 체험을 하면서 가장 기억에 남는 점이나 뿌듯했던 점
- 봉사나 체험을 하고 나서 느낀 점과 앞으로의 계획이나 각오

4회 생활

2 온라인 대화를 읽고 소감 쓰기

요양원 봉사 소감

단우네 반 친구들은 학교 근처에 있는 요양원을 찾아 봉사 활동을 하고 봉사 활동 모습을 정리해 인터넷 학급 신문에 올리기로 했어요. 인터넷 학급 신문에 올릴 소감을 정리해 보세요.

< 5학년 3반 이야기방 24

선생님: 애들아, 오늘 요양원 봉사 활동하느라 모두 수고했어. 오후 3:13

지우: 할머니, 할아버지께서 기뻐하시는 모습을 보니 저도 뿌듯했어요. 오후 3:13

민준: 지우랑 유리는 할머니, 할아버지를 전재 춤을 춰 주더라. 오후 3:14

유리: 공연 준비 시간이 부족해서 우리 모두 걱정했었는데 역시 우리 유리야. 오후 3:15

선생님: 청소 봉사 모둠이랑 인마 모둠도 정말 수고했어. 오후 3:15

하음: 연회실이랑 복도, 계단이 깨끗해져서 할머님께서 많이 고마워하셨어요. 오후 3:16

< 5학년 3반 이야기방 24

지수: 어떤 할아버지는 인따를 해 드렸더니 집 앞 일마나 깊으실 수 있을 것 같대 좋아하셨어요. 오후 3:17

민준: 저는 할머니께 안마하며 말벗을 해 드렸는데 손주 생각이 나신다며 눈물을 보이셨어요. 오후 3:18

선생님: 어머, 그랬구나. 참 단우는 봉사 활동 모습을 잘 모아 정리했니? 오후 3:18

은주: 네, 사진 찍은 것과 관련 인터뷰 내용도 함께 정리했어요. 오후 3:19

선생님: 그래, 좋은 생각이네. 오늘 활동한 내용이랑 느낀 점을 잘 정리해서 인터넷 학급 신문에 올리도록 하자. 오후 3:20

확인 이 내용이 담긴 디지털 마켓은 온 라 인 대 화 방 이다.

5회 생활

1 블로그 글 읽고 댓글 쓰기

《어린 흥부와 놀부》 이야기

작가가 꿈인 어린이는 전래동화의 등장인물이나 배경을 바꾸어 써서 블로그에 올리는 게 취미예요. 어린이가 새롭게 꾸민 이야기를 읽고, 흥부와 놀부에 대한 자신의 생각이나 느낌을 댓글로 써 보세요.

블로그 › 내 블로그 〉 이웃 블로그 〉 블로그 홈

어린 흥부와 놀부 이야기

어린 놀부

김여진 2020.09.11

어느 마을에 흥부와 놀부라는 형제가 살았어. 흥부는 11살, 놀부는 12살이었지. 둘은 한 부모에게서 태어난 형제지만 성격이 완전히 달랐어. 형 놀부는 욕심이 많고, 툭하면 심술을 부리는 거야. 반면, 동생 흥부는 항상 남을 잘 도와주는 착한 아이였지. 그런데 흥부는 공부에도 욕심을 부려서 시험을 보면 항상 백 점을 받아. 오는 반면, 흥부는 착하기만 하고 공부에는 영 취미가 없었어. 대신 주변에 친구는 아주 많았어.

수학 단원평가 시험을 본 날, 흥부는 평소와 다름없이 50점을 받은 시험지를 들고 집으로 가다가 시험 점수를 보고 속상하셔서 엄마 얼굴이 떠올랐지. 잔뜩 풀이 죽은 채로 집으로 향했지. 참시 바람만 쐬고 가려고 공원 의자에 앉았는데 아디선가 아기 고양이 울음소리가 들리는 거야. 울음소리가 나는 곳으로 가까이 다가가 보니 다리를 다친 아기 고양이가 애를 찾는 듯 슬프게 울고 있었어. 고양이 상태를 보니 곧 병원에 데려가야 할 것 같았지. 흥부는 아픈 고양이를 안고 울고 병원으로 달려간. 그동안 틈틈이 모아둔 용돈이 있어서 우선 그것으로 고양이 치료비를 내기로 했

> 활동 이 내용이 담긴 디지털 매체는 ⬜로 ⬜ 이다.

정답과 해설 26쪽

지. 흥부는 치료를 마친 고양이를 데리고 집으로 와서 마당 한 편에 쉴 곳을 마련해 주고 다친 데가 다 나을 때까지 잘 돌보아 주었어.

흥부의 보살핌 덕에 다리가 다 나은 아기 고양이는 어느 날 갑자기 사라졌다가 보답이라도 하려는 듯 작은 종이 봉투를 하나 물고 나타났어. 봉투를 열어 보니 작은 씨앗들이 들어 있었지. 흥부는 화분에 씨앗을 심어 햇빛이 잘 드는 쪽에 두고 정성껏 가꾸었어. 엄마 두 화분에서 싹이 나고 줄기가 쑥쑥 자라더니 한 달 만에 방울토마토가 주렁주렁 달렸어. 정말 신기했지.

한 달쯤 지나 단원평가가 있는 날 아침. 흥부는 기운을 내려고 방울토마토 한 알을 따 먹고 학교로 갔어. 그런데 이상한 일이 벌어졌어. 시험지를 받아 문제를 보니 답이 훤하게 보이는 거야. 흥부는 신나게 답을 쓰고 백 점 시험지를 받아 엄마께 보여 드렸어. 엄마는 놀부가 받아 온 백 점 시험지만큼이나 반가워하셨어. 다음부터 흥부는 온 백 점 시험지를 보고 다 많이 기뻐하셨어. 그리고 흥부에게 백 점을 받은 기념으로 갖고 싶은 선물을 사 주겠다고 하셨지. 그 뒤로도 흥부는 시험 보는 날마다 방울토마토 한 알을 먹고가서 계속 백 점을 받아 왔어.

열심히 공부해서도 늘 백 점을 받아 오던 놀부는 이상한 생각이 들었어. 맨날 놀기만 하던 흥부가 어느 날 갑자기 백 점을 받아 오는 게 의심스러웠던 거야. 그래서 방으로 들어가는 흥부를 따라가서 물어봤지.

"너, 공부도 안 하면서 어떻게 시험을 잘 볼 수 있어? 옆 친구 시험지 훔쳐 보는 거 아냐?"

흥부는 시험을 못 보면 못 봤지, 그런 짓은 절대 안 한다면서 놀부에게 그동안의 일을 자세히 들려주었어. 아기 고양이 다리를 치료해 준 일부터 방울토마토를 먹은 일까지. 흥부의 이야기를 다 들은 놀부는 열정 화가 났어. 노력하지 않고도 쉽게 좋은 결과를 얻은 흥부가 얄미웠지. 화가 난 놀부가 씩씩 대며 마음을 나와 보니 흥부가 심은 아기 고양이가 마당에서 놀고 있었어. 놀부는 아기 고양이를 붙잡고 아기 고양이가 '야옹' 하고 소리를 냈어. 놀부는 아기 고양이 다리를 붙잡고 '이야옹'하고 말했어.

그리고……

인물의 성격과 사건 전개 사이의 관계

인물의 성격은 사건의 전개에 영향을 준다.
• 사건의 전개가 인물의 성격에 영향을 주기도 한다.
• 사건의 전개를 보고 인물의 성격을 짐작할 수 있다.

2 주차

정답과 해설 27쪽

활동 1

인물의 성격을 생각하며 뒷부분에 이어질 이야기를 알맞게 이야기한 친구의 이름을 쓰세요. **답 연아**

강두
놀부는 힘들 주어 아기 고양이 다리를 꺾으려다가 그냥 보내 주었어. 놀부는 늘 흥부 공부에도 욕심이 없었던 거야. 흥부가 시험 점수를 잘 받아 오는 모습이 기특해 보였나 봐.

연아
놀부가 힘들 주어 아기 고양이 다리를 살짝 꺾으려는데 그 고양이가 놀부의 손등을 할퀴고 도망갔어. 그런데 얼마 후 신기하게도 그 고양이가 놀부에게 방울토마토를 내는 거야. 놀부는 얼른 받아 먹었지. 하지만 다음 날 놀부도 흥부처럼 못 갈 정도로 배가 아파서 혼쭐났어.

무수
놀부는 아기 고양이를 때리고 흥부에게 가서 함께 시간 가는 줄 모르게 재있게 놀았어. 그리고 다음 날 있을 단원평가 시험 공부를 흥부와 함께 했어. 놀부는 동생 흥부에게 배울 점이 많다며 흥흥해했어.

해설 이야기에 이어지는 내용은 앞 이야기로부터 연결이 되어야 하므로 인물의 성격과 행동이 자연스럽게 이어지는 내용을 찾아봅니다.

활동 2

어진이가 쓴 이야기를 읽고 친구들이 댓글을 남겼어요. 흥부와 놀부에 대한 내 생각은 어떤지 댓글로 써 보세요.

댓글

이야기꾼789 노력하지 않고 시험 점수만 잘 받는 게 과연 흥부에게 좋은 일일까요?

이야기조아 항상 욕심히 공부한 놀부가 흥부를 보고 속상한마음이 드는 것도 이해가 가요.

예 방울토마토를 먹으면 시험을 잘 보게 되는 것보다 공부에 흥미가 생겨 열심히 공부하는 흥부로 바꾸었으면 더 좋았을 것 같아요. 노력하지 않고 좋은 결과를 얻는 것은 바람직한 일은 아니니까요.

해설 어진이가 꾸며 쓴 《어린 흥부와 놀부》 이야기 속 인물이 한 일이나 성격을 살펴보고 그와 관련된 나의 생각이나 느낌을 댓글로 써 봅니다.

이야기에서 일어난 사건으로 알맞은 것에 모두 ○표를 하세요.

- 놀부가 아기 고양이의 다리를 치료해 주었다.
- 흥부가 씨앗을 심자 방울토마토가 주렁주렁 열렸다. ○
- 아기 고양이가 작은 종이 봉투를 물고 왔다. ○

해설 아기 고양이가 다리를 치료해 주자 아기 고양이가 작은 봉투를 물고 왔고, 봉투 안에 이닌 씨앗을 심자 방울토마토가 주렁주렁 열렸습니다.

이야기에서 인물의 성격과 사건 전개 사이의 관계로 알맞은 것의 기호를 쓰세요. **답 ㉮**

- ㉮ 인물의 성격은 사건 전개에 영향을 준다.
- ㉯ 사건 전개는 인물의 성격에 영향을 주지 않는다.
- ㉰ 사건 전개를 보고 인물의 성격을 짐작할 수는 없다.

해설 인물의 성격은 사건 전개에 영향을 주고, 사건 전개는 인물의 성격에 영향을 주기도 하므로 사건 전개를 보고 인물의 성격을 짐작할 수 있습니다.

《어린 흥부와 놀부》이야기에서 알 수 있는 인물의 성격을 정리하여 써 보세요.

흥부	놀부
예 남을 잘 도와주며, 생명을 소중히 여긴다.	예 심술궂고, 욕심이 많다.

해설 이야기에 나타난 인물의 말과 행동, 생각 등을 살펴보면 인물의 성격을 알 수 있습니다.

▲ 블로그 내용으로 알맞은 것은 무엇인지 ◯표를 하세요.

우리나라 영토인 남도 | (우리나라 영토인 독도)

해설 민서는 블로그에 우리나라의 영토인 독도에 대해 조사한 내용을 올렸습니다.

▲ 독도에 대한 내용으로 알맞은 것에 ◯표를 하세요.

독도의 바다 밑에는 석유가 매장되어 있다.

독도는 우리나라 영토의 남쪽 끝에 위치해 있다.

독도는 '우산도'라는 이름으로 처음 불리게 되었다. ◯

해설 독도는 우리나라 영토의 동쪽 끝에 위치해 있고, 천연가스가 매장되어 있어 미래의 에너지 자원으로 기대를 모으고 있습니다.

활동 국토를 가꾸고 지키기 위해 우리가 할 수 있는 일은 무엇인지 댓글로 써 보세요.

댓글
국토대청 우리 삶의 터전인 국토를 바르게 해야합니다.
예 우리 국토에 대한 관심을 가지고 국토에 대한 지식을 쌓아 자부심을 가져야 합니다.

해설 우리나라 국토를 아끼고 지키기 위해 해야 할 일은 무엇인지 생각해 봅니다.

우리나라 영역

· 우리나라의 영토: 한반도와 한반도에 속한 여러 섬을 말한다.
· 우리나라의 영해: 우리나라 바다의 영역으로, 영해를 설정하는 기준선으로부터 12해리(약 22km)까지이다.
· 우리나라의 영공: 우리나라 영토와 영해 범위에 있는 하늘의 범위이다.

5회 사회

2 블로그 읽고 댓글 쓰기
소중한 우리 국토, 독도

민서는 방학 전에서 우리 국토에 대한 다큐멘터리 영상을 보고, 그 가운데 가장 인상 깊었던 독도와 관련된 내용을 조사하여 블로그에 글을 올렸어요. 국토를 가꾸고 지키기 위해 우리가 할 수 있는 일은 무엇인지 댓글로 써 보세요.

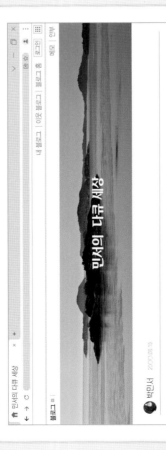

내 블로그 | 이웃 블로그 | 블로그 홈 | 로그인 | 메모 | 안부

블로그

민서의 다큐 세상

박민서 2000.08.15

소중한 우리 국토, 독도

독도는 우리나라 동쪽 끝에 있는 섬으로, 대한민국의 주권에 대한 상징성이 매우 높기 때문에 소중히 여기고 지켜야 하는 영토이다. 독도는 역사적, 지리적, 국제법적으로 우리나라의 영토임에도 불구하고 일본은 독도에 대한 영유권을 계속해서 주장하고 있다. 따라서 우리는 독도가 우리나라의 영토인 이유를 분명하게 알고 있어야 한다.

▲ 독도

독도의 가치

독도는 우리나라 영토의 동쪽 끝에 위치하며 군사적으로 매우 중요한 가치를 지니고 있다. 독도 근처 바다는 한류와 난류가 만나는 곳으로 좋은 어장을 이루고 있어 수산 자원이 풍부하며, 다양한 동식물이 살고 있고, 천연가스가 매장되어 있어 미래의 에너지 자원으로 기대를 모으고 있다.

독도의 이름

독도는 신라 때 울릉도 지역의 우산국이라는 나라에 속한 섬이었다. 그러나 512년에 신라의 이사부가 우산국을 정복하면서 '우산도'라는 이름으로 처음 불리게 되었다. 이후 조선 성종 때는 세 개의 봉우리로 보인다고 해서 삼봉도로 불리기도 했다. 그러다가 1900년에 대한제국이 '석도'라고 부르다가 1906년에 이르러 독도라고 불리게 되었다.

확인 이 내용이 담긴 디지털 매체는 블로 그 이다.

확인 문제

1 제안하는 글을 쓸 때 주의할 점으로 알맞지 않은 것에 ○표를 하세요.

(1) 제안 사항이 분명히 드러나게 써서 제안한다. ( )

(2) 상황에 맞게 실천 가능성이 있는 방법을 제안한다. ( )

(3) '반드시 ~해야 한다.', '절대 ~하지 말아야 한다.' 등의 표현을 써서 제안한다. (○)

해설 제안 사항을 말할 때에는 '~하면 어떨까요?', '~하면 좋겠습니다.' 등의 표현을 씁니다.

2 다음은 어디에서 찾은 자료인가요? (①)

① SNS
② 블로그
③ 인터넷 뉴스
④ 인터넷 게시판
⑤ 인터넷 백과사전

해설 누리 소통망(SNS)에서 찾은 자료입니다.

3 텔레비전 뉴스에서 전하려는 것은 무엇인지 빈칸에 알맞은 말을 쓰세요.

해마다 지구의 온도가 점점 올라 지구 ( )에 운난화 문제가 심각해지고 있다.

(지구 온난화)

4 다음은 누구에 대한 설명인지 쓰세요.

• 인도 사람으로 남과 동행하는 삶을 살고자 한 인물이다.

• 히말라야 산맥을 넘고 있을 때 눈밭에 쓰러진 사람을 도와준 도로를 유명하다.

(신다 싱)

해설 신다 싱은 '맨발의 전도자'로 널리 알려진 인도의 인물로, 남과 동행하는 삶을 추구하였습니다.

확인 문제

5 온라인 대화방에서 위로의 말을 전하는 방법을 잘못 말한 친구는 누구인지 쓰세요.

선호: 글로 전하기 때문에 오해가 있을 수 있으므로 주의해야 해.

채민: 상대의 입장을 고려하여 마음의 상처가 남수 있는 표현은 하지 않아야 해.

해진: 이모티콘은 마음을 표현하는 데에 도움이 되지 않아.

(해진)

해설 이모티콘을 적절히 사용하면 마음을 표현하는 데에 도움이 됩니다.

6 블로그에서 다음과 같은 키워드와 관련 있는 우리나라의 세시 풍속은 무엇인가요? (⑤)

부럼 / 보름달 / 달집태우기 / 귀밝이술

① 섬
② 단오
③ 추석
④ 추수 감사절
⑤ 정월 대보름

해설 정월 대보름은 음력 1월 15일로 한 해 들어 보름달이 처음 뜨는 날입니다. 이 날은 부럼을 깨고 달집태우기, 귀밝이술 등 풍속이 있습니다.

7 다음은 어떤 매체에 글을 싣고 싶은 것인가요? (②)

① 뉴스
② 블로그
③ 광고
④ 인터넷 게시판
⑤ 인터넷 백과사전

해설 〈흥부와 놀부〉 이야기를 새롭게 꾸며 블로그에 싣고 싶은 것입니다.

디지털 매체 학습으로 문해력 키우기

'디지털독해가 문해력이다'

디지털독해력은 다양한 디지털 매체 속 정보를 읽어내는 힘입니다.

아이들이 접하는 디지털 매체는 매일 수많은 정보를 만들어 내기 때문에 디지털 매체의 정보를 판단하는 문해력은 현대 사회의 필수 능력입니다.

《디지털독해가 문해력이다》로 교과서 내용을 중심으로 디지털 매체 속 정보를 확인하고 다양한 과제를 해결해 보세요.

3

주차

정답과 해설

운동화 광고

1 인터넷 광고를 읽고 상품 선택의 까닭 쓰기

미주는 운동화를 사기 위해 버스 안에서 휴대 전화로 관련 광고를 찾아보았어요. 마침 버스 앞쪽 모니터에서도 다른 운동화 광고가 나오고 있었어요. 미주가 본 광고를 보고 영상 광고의 운동화를 구입하기로 결정한 까닭은 무엇일지 써 보세요.

● 모바일 광고

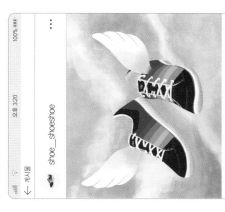

← 게시물

오후 3:20   100%

shoe_shoeshoe

깃털처럼 가볍고 편인해요.
하늘을 나는 듯 걸어 보세요.

오래 신어도 바닥이 절대 닿지 않는 신발!
누구나 좋아하는 무지개색!
바로 구매하세요.

#갓탄생신발 #무지개신발
#지금바로구매

활동 이 내용이 담긴 디지털 매체는 광 고 이다.

● 영상 광고

안녕하세요. 오늘 제가 소개해 드릴 제품은 ○○ 브랜드의 운동화입니다.

디자인도 깔끔해서 질리지 않고 신을 수 있습니다.
신발 사이즈는 평소보다 한 사이즈 작은 것으로 사서 신길 추천합니다.

제가 일주일 동안 신어 본 결과, 발바닥이 푹신해서 좋고 편합니다. 무엇보다 신발이 가벼워서 좋았습니다.

▲ 미주가 본 광고의 종류를 모두 골라 ○표를 하세요.

영상 광고   모바일 광고   배너 광고

해설 미주는 휴대 전화 모바일 광고와 버스 안 모니터를 통해 영상 광고를 보았습니다.

▲ 다음은 미주가 본 광고 중 어떤 광고의 특징인지 쓰세요. 예 영상 광고

직접 경험한 것을 말하면서 상품에 대해 자세히 설명하였다.

해설 영상 광고에서는 상품을 직접 사용한 체험자가 운동의 장단점을 설명하였습니다.

활동 모바일 광고와 영상 광고에 나타난 상품 내용을 비교해 보고, 미주가 영상 광고 운동화를 선택한 까닭은 무엇일지 생각하여 써 보세요.

모바일 광고 내용	영상 광고 내용
예 깃털처럼 가볍고 바닥이 절대 닳지 않는다는 등 상품의 특징을 과장해서 표현함.	직접 운동화를 신어 본 사람이 설명해 주어서 상품에 대해 좀 더 잘 이해할 수 있었음.

미주가 영상 광고의 운동화를 선택한 까닭

예 겉으로 보기에 멋진 것보다 실제로 경험해 본 사람의 말이 더 믿음이 가고 상품 설명이 더욱 자세했기 때문일 것이다.

해설 미주가 영상 광고 운동화를 선택한 까닭은 생각한 까닭을 생각하여 까닭에 드러나게 씁니다.

광고의 종류

• 모바일 광고: 스마트폰 등의 휴대 전화 기기를 통해 하는 광고이다.
• 영상 광고: 텔레비전이나 인터넷과 같이 영상 매체를 이용한 광고이다.
• 배너 광고: 인터넷 홈페이지에 띠 모양으로 싣는 광고로, 특정 웹사이트의 이름이나 내용을 홍보하는 그래픽 이미지 광고이다.

3 주차

1회 과학

이그노벨상을 아시나요

2 웹툰과 인터넷 뉴스를 읽고 댓글 쓰기

노벨상이 아닌 이그노벨상에 대해 알고 있나요? 이그노벨상은 언제 어떤 목적으로 만들어졌고, 지금까지 이그노벨상을 받은 연구 결과는 무엇인지 살펴보세요. 그리고 이그노벨상 도전 주제를 댓글로 써 보세요.

노벨상(Nobel Prizes)

주최 기관	스웨덴 왕립과학학술아카데미, 노르웨이 노벨 위원회
개최 시기	매년 12월 10일(노벨 사망일)
개최 장소	스웨덴 스톡홀름(평화상은 노르웨이 오슬로)
시상 분야	평화, 문학, 물리학, 생리·의학, 화학, 경제학
개최 배경	알프레드 노벨의 유언에 따라 인류의 복지에 공헌한 사람이나 단체에게 주는 상

이그노벨상(Ig Nobel Prize)

주최 기관	미국 하버드 대학교의 과학 잡지사
개최 시기	매년 10월
개최 장소	미국 하버드 대학교 샌더스 극장
시상 분야	평화, 사회학, 물리학, 문학, 생물학, 의학, 수학, 환경보호, 위생, 경제학
개최 배경	과학에 대한 관심을 갖게 하고자 엉뚱한 연구나 획기적인 발견 등이 대상을 이룬 작품을 이룬 사람들에게 주는 상

확인 이 내용이 담긴 디지털 매체는 웹툰과 인터넷 뉴 스 이다.

재미있고 엉뚱해야 받는 상, 이그노벨상

김우리 기자   입력 20○○-11-21 오후 3:11

생활   문화   역사   과학   사회

매년 10월이면 노벨상 수상자가 발표됩니다. 각 분야에서 뛰어난 업적을 낸 사람들이 노벨상 영광을 안습니다. 그런데 이와는 다르게 재미있고 기발한 연구를 한 사람들에게 주는 상도 있습니다. 바로 '이그노벨상'입니다. 이그노벨상은 '불명예스러운'이라는 뜻의 '이그노블(ignoble)'과 '노벨(novel)'이 합쳐진 말로, "웃게 하라, 그리고 생각하게 하라."라는 목표에 맞게 재미있고 엉뚱한 연구를 한 사람에게 줍니다.

수상자에게도 노벨상 수상자의 시상이 들어간 상장과 기념 상패를 수여합니다. 이그노벨상의 상장이 '냄새 나는 사람'이 적은 문양을 '생각하는 사람'이 바닥에 등을 대고 누워 있는 모습을 나타낸 것이고, 생각을 세울까 바꾸어 보자는 이그노벨상 고유의 뜻을 담고 있습니다.

이그노벨상은 1991년에 미국 하버드 대학교의 과학 잡지사에서 과학에 대한 관심을 불러일으키기 위해 만들었습니다. 논리적이고 과학적인 생각도 중요하지만 때로는 재미있고 엉뚱한 생각들이 과학을 발전시킬 수 있다고 생각했기 때문입니다. 예를 들면, 이그노벨상을 받은 연구 주제인 '동물의 싫은 직접 살아보는 연구'는 연구자가 고양이의 울음소리에 담긴 의미에 대한 연구, 딱따구리의 머리가 외부 충격으로부터 얼굴을 보호한다는 연구 등은 재미있는 호기심에서 시작한 엉뚱하지만 때로는 재미있고 성실하게 연구 결과를 얻어 낸 약 작입니다. 과학적으로 이미 있는 결과를 얻어 낸 연구가 이그노벨상을 받은 적이 있다고 합니다. 우리나라 사람도 '향기 나는 옷이나 이그노벨상을 받은 적이 있다고 합니다.

하지만 이그노벨상 수상자들이 엉뚱한 생각만 하는 사람들은 아닙니다. 물론 재미있는 생각을 한 과학자들이 많았던 것은 사실이지만 개중에는 서 몇 년 뒤 실제로 노벨상을 수상한 사람도 있습니다. 이런 점을 보면 과학에의 호기심은 매우 중요하다는 것을 알 수 있습니다. 때로는 재미있고 진지하기만 한 과학보다는 호기심을 불러일으키는 흥미로운 과학이 더 중요할 수도 있습니다. 바로 이와 같은 이유에서 이그노벨상 수상이 매년 계속되고 있는 의미를 찾을 수 있습니다. ETN 뉴스우리입니다.

이그노벨상을 받은 엉뚱한 연구 주제

- 깃대에 붙은 껌은 얼마나 해로울까
- 바나나 껍질을 밟으면 왜 미끄러질까
- 악어가 헬륨 가스를 마시면 어떤 소리를 낼까
- 외도적으로 코를 숨을 쉬려 할 경우 어떤 현상이 일어날까

정답과 해설 35쪽

활동 1 이그노벨상의 연구 주제로 알맞은 내용을 모두 골라 ○표를 하세요.

- 바나나 껍질을 밟으면 왜 미끄러질까?
- 칠판에 붙어 있는 껌은 얼마나 시끄러운 났을까?
- 커피 잔을 들고 걸으면서 마시면 왜 쉽게 될까?
- 자석에서 자기력선은 왜 직선이 아닌 곡선으로 생길까?

해설 이그노벨상의 연구 주제는 "웃게 하라, 그리고 생각하게 하라."라는 목표에 알맞게 엉뚱하면서도 재미있어야 합니다.

활동 2 다음 학급 게시판의 글을 읽고, 이그노벨상에 도전할 만한 연구 주제를 생각하여 댓글로 써 보세요.

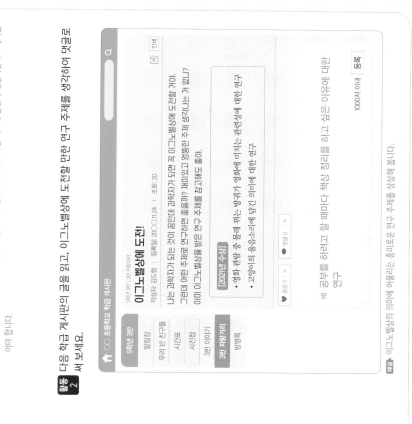

○○ 초등학교 학급 게시판

5학년 3반
알림장
우리 반 친구들
시간표
사진첩
3반 이야기
방명록

5학년 3반 이야기방
이그노벨상에 도전!
작성자: 김도형 | 등록일: 20○○.11.24 | 조회: 20

나는 과학자가 되는 것이 꿈인데 과학자가 되면 꼭 이그노벨상에 도전할 거야.
그런데 어떤 주제로 연구하면 좋을까? 재미있고 엉뚱한 주제 생각나는 거 없니?
이따 이그노벨상을 받은 연구 주제를 참고해도 좋아.

[2021년 수상]
- 영화 관람 중 문제 카드 방향이 영화에 미치는 관련성에 대한 연구
- 고양이의 울음소리에 담긴 의미 외에 대한 연구

정강 5 ♥ 댓글 0

예 공부를 하려고 할 때마다 책상 정리를 하고 싶은 이유에 대한 연구

1000자 이내
등록

해설 이그노벨상의 의미에 어울리는 흥미로운 연구 주제를 상상해 봅니다.

▲ 웹툰과 인터넷 뉴스의 내용으로 알맞은 것에 ○표를 하세요.

(이그노벨상). 노벨상의 목적과 연구 내용이 나타나 있다.

해설 이그노벨상의 목적과 연구 내용에 대한 웹툰과 인터넷 뉴스입니다.

▲ 이그노벨상에 대해 알맞게 말한 친구는 누구누구인지 이름을 쓰세요. 예 현우, 민주

제훈 — 우리나라 사람인 이그노벨상을 받은 적이 없어.

현우 — 과학에 대한 관심을 불러일으키기 위해 만든 이그노벨상을 수상자 중에는 우리나라 사람도 있습니다.

서준 — 수상자 후기인데 불러일으키기 위해서 만든 상이야.

민주 — 이그노벨상의 목표는 "웃게 하라, 그리고 생각하게 해라."야.

해설 과학에 대한 관심을 불러일으키기 위해 만든 이그노벨상의 수상자 중에는 우리나라 사람도 있습니다.

▲ 다음 그림과 설명에 알맞은 조각상의 이름에 ○표를 하세요.

- 이그노벨상을 상징하는 조각상이다.
- 이그노벨상의 엉뚱한 생각을 표현한 것이다.

생각하는 사람 / 냄새 나는 사람

해설 이그노벨상을 대표하는 조각상은 로댕의 '생각하는 사람'이 땅에 누워 있는 모습인 '냄새 나는 사람'입니다.

3 주차

인터넷 게시판을 통해 알 수 있는 내용으로 알맞은 것에 ○표를 하세요.

| 영화 제목 | 영화 명대사 | 관람객 성별 |

해설 게시판에는 영화 제목과 개봉일, 영화 평점 등이 나와 있지만 영화 명대사나 관람객 성별은 나와 있지 않습니다.

▲

영화를 본 관람객들의 평가가 궁금할 때 무엇을 보면 좋을지 알맞은 것의 기호를 쓰세요. (④)

㉮ 영화의 개봉일을 본다.
㉯ 영화의 한 줄 평을 본다.
㉰ 영화의 감독과 출연 배우를 본다.

해설 영화를 본 관람객들의 평가가 궁금하다면 영화의 한 줄 평을 참고하면 좋습니다.

▲

활동 내가 보았던 영화를 떠올려 보고 영화의 제목과 평점, 한 줄 평을 써 보세요.

영화 제목 예 엄마까투리

한 줄 평

평점 ★★★★★

예 내용은 예상을 크게 벗어나지 않았지만, 엄마의 진정한 사랑에 진한한 감동을 받을 수 있었다.

해설 지금까지 봤던 영화 중 인상 깊은 내용을 떠올려 봅니다.

1000자 이내

등록

영화를 평가하는 기준

- 인물의 연기 실력과 배경을 얼마나 잘 나타냈는지 평가한다.
- 영화 속 이야기가 얼마나 매끄럽게 진행되는지 평가한다.
- 영화에 담긴 의미가 무엇인지 평가한다.
- 다른 사람에게 추천할 만한 영화인지 평가한다.

2회 문화

■ 영화 게시판을 읽고 한 줄 평 쓰기

영화를 봤어요

영화 게시판에 실린 애니메이션 '피가포와 용기의 기적'에 대한 정보입니다. 게시판에 실린 줄거리와 한 줄 평을 보고 내가 보았던 영화를 떠올려 영화의 제목과 평점, 그리고 한 줄 평을 써 보세요.

파피포와 용기의 기적, 절찬 상영중!

가상의 마법 세계에 살고 있는 피카포가 친구들과 즐거운 나날을 보내던 어느 날, 마을에 못된 손님이 찾아온다. 그는 피카포의 친구들에게 누구도 흉내 낼 수 없는 특별한 마법을 배울 기회를 주겠다며 자신대로 따라 오라고 한다. 피카포를 제외한 친구들은 모두 그 이분의 손님을 따라 떠난다. 혼자 남은 피카포는 마음을 떠난 친구들이 혹시도 없이 사라졌다는 소식을 듣게 되고, 친구들을 구하기 위해 홀로 모험을 떠난다.

활동 이 내용이 담긴 디지털 매체는 인터넷 게 시 판 이다.

2회 과학

2 웹툰과 인터넷 백과사전을 읽고 질문에 대한 답글 쓰기

강아지를 키워요

요즘에는 집에서 기를 수 있는 반려동물이 많아졌어요. 반려동물이란 사람이 가까이 두고 기르는 개, 고양이, 새 등의 동물을 말해요. 인터넷 백과사전에서 찾은 강아지 키우기에 대한 정보를 살펴보고 게시판에 답글을 써 보세요.

장소에 따른 강아지 선택하기

좁은 아파트나 원룸

실내 생활에 적합하고 운동량이 적은 무릎 요크셔테리어, 몰티즈, 포메라니안, 시추 등이 적당하다.

▲ 포메라니안

마당이 있는 주택

몸집이 크고 운동량이 많은 비글, 셰틀랜드 쉽독, 리트리버 등이 적당하다.

▲ 리트리버

가족들이 운동을 즐기는 경우

운동량이 많은 리트리버, 코카스패니얼, 비글, 보더콜리 등이 적당하다.

▲ 보더콜리

우리 집 반려견

나도 몸집이 리트리버를 분양받고 싶었는데……

아파트에서 그런 큰 개는 작당하지 않아.

확인 이 내용이 담긴 디지털 매체는 웹 툰 과 인터넷 백 과 사 전 이다.

아파트와 같은 다세대 주택에서도 다른 사람에게 피해가 가지 않도록 하는 것도 중요하다.

독독백과사전

사전 소개 | 연모

강아지를 잘 키우기 위해서 필요한 준비물

(준비물 라벨: 목줄, 이동장, 장난감 효모, 배변 방지 목걸이, 사료와 간식, 긁는음식 빼는기, 이동장, 치약기, 장난감 공, 발교를, 빗, 어깨줄, 배변 봉투, 개집, 장난감 공)

산책하기

강아지 산책 시기는 예방 접종을 마친 3개월 후로 매일 비슷한 시간에 하면 좋아요. 어린 소형견은 하루 15분 미만으로 짧게 해 주는 것이 좋고, 중형견은 30분, 대형견은 1시간 이내가 적당해요.

배변 훈련하기

강아지는 자고 일어났을 때나 식사한 다음에 주로 배변 욕구를 느껴요. 그 전에 보호자는 화장실을 정해서 강아지가 한 곳에서 배변할 수 있도록 훈련시켜야 해요.

강아지 미용하기

빗질, 목욕, 항문 낭액 짜 주기, 귀 청소하기, 양치하기, 눈 닦아 주기, 발톱 자르기 등을 주기적으로 해 주어야 해요.

건강 검진 및 반려동물 등록하기

반려동물을 분양받으면 먼저 동물병원에 가서 기본적인 건강검진을 하고 반려동물 등록을 해야 해요. 지금은 반려동물 등록이 의무화되었고 사행되고 있어 미등록 시 반려견에 대해서는 집중 단속을 해요. 반려동물 등록은 외장형과 내장형 중 선택할 수 있으며, 등록 후에는 등록증을 발급해 준답니다.

외장형 무선식별 장치
마이크로칩이 들어 있는 무선 식별 장치를 목줄에 장착

내장형 무선식별 장치
쌀알 크기의 마이크로칩을 반려동물 어깨뼈 사이에 삽입

강아지가 먹으면 안 되는 음식 알아보기

- 초콜릿: 근육이 성분이 구토, 설사, 불규칙한 심장 박동을 일으킬 수 있다.
- 양파나 파: 적혈구를 파괴하여 빈혈이나 중독 증상이 생길 수 있다.
- 고기의 뼈: 생선이나 닭뼈는 끝이 날카로워 식도나 내장에 상처가 날 수 있다.
- 어패류: 문어, 조개, 새우 등의 어패류는 소화 불량이나 구토를 일으킨다.

3 주차

정답과 해설 38쪽

활동1 강아지를 기를 때 알아두어야 할 점을 정리해 보세요.

산책하기
• 매일 비슷한 시간에 하면 좋다.
• (예) 소형견은 하루 15분 미만으로 짧게 해 주는 것이 좋고, 중형견은 30분, 대형견은 1시간 이내가 적당하다.

배변 훈련하기
• 보호자는 화장실을 정해서 강아지가 한 곳에서 배변할 수 있도록 훈련시켜야 한다.

미용하기
• 빗질, 목욕, 항문 낭에 짜 주기, 귀 청소하기를 해 준다.
• (예) 양치하기, 눈 닦아 주기, 발톱 자르기 등을 해 준다.

반려동물 등록하기
• 지금은 반려동물 등록 의무화 제도가 시행되어 미등록 반려견에 대해서는 점종 단속을 한다.
• (예) 반려동물 등록은 외장형과 내장형 중 선택할 수 있으며, 등록 후에는 등록증을 발급해 준다.

해설 인터넷 백과사전의 내용을 바탕으로 하여 강아지를 기를 때 알아두어야 할 점을 간단하게 정리해 봅니다.

활동2 정리한 것을 바탕으로 하여 인터넷 게시판의 질문에 대한 답글을 써 보세요.

똑똑In

Q 얼마 전에 시추 한 마리를 분양받았어요. 시추를 산책시킬 때 주의할 점에는 어떤 것이 있나요?

답글보기 ♡ 1:1

질문자가 채택한 답글
A (예) 산책은 매일 비슷한 시간에 하는 게 좋아요. 소형견은 하루 15분 미만으로 짧게 해 주는 것이 좋고, 중형견은 30분, 대형견은 1시간 이내가 적당해요. 목줄은 반드시 착용해 주시고요.

답글보기 ♡ 1:1

해설 게시된 내용을 바탕으로 하여 강아지 산책에 대한 질문에 알맞게 답글을 써 봅니다.

▲ 인터넷 백과사전의 내용으로 알맞은 것에 ○표를 하세요.

반려 물고기 | 반려 강아지 | 반려 고양이

해설 인터넷 백과사전은 반려 강아지(반려견)에 대한 정보를 담고 있습니다.

▲ 좁은 아파트나 원룸에서 키우기에 알맞은 강아지를 골라 ○표를 하세요.

몸집이 크고 운동량이 많은 비글	
실내 생활에 적합하고 운동량이 적은 포메라니안	○
사람들을 좋아하고 운동량이 많은 리트리버	

해설 좁은 아파트나 원룸에서는 실내 생활에 적합하고 운동량이 적은 작은 푸들, 요크셔테리어, 몰티즈, 포메라니안, 시추 등을 기르는 것이 좋습니다.

▲ 강아지와 산책을 할 때 필요한 준비물이 아닌 것을 골라 ○표를 하세요.

해설 강아지와 산책할 때는 목줄이나 어깨줄, 배변 봉투, 물 등이 필요합니다.

3회 인물

1 인터넷 백과사전을 읽고 인물에 대해 정리하기

거상 만난 김만덕

민서는 조선의 사회 활동가에 대해 조사하다가 김만덕에 대해 알게 되었어요. 인터넷 백과사전에서 찾은 김만덕의 일생을 살펴보고, 여성 사회 활동가 김만덕의 삶을 정리하여 써 보세요.

독독과사전

거상 김만덕 (1739~1812)

제주에서 양인 신분으로 출생하였으나 열한 살 때 부모님이 모두 돌아가시고 오갈 곳 없는 고아가 되어 기생집에서 일하며 자라게 되었다. 그러나 천대받는 기생으로 살기 싫었던 김만덕은 부모님이 물려주신 양인 신분을 되찾고, 제주에서 제일가는 상인이 되기로 결심한다.

'큰 상인이 되어야지 나처럼 억울한 길이 없어 기생이 되는 아이들이 다시는 생기지 않게 할 거야.'

김만덕은 이 이름을 실제 받는 대신 많이 벌고 많이 절약하게 신분을 지키려는 원칙을 세워, 장사를 통해 이룬 막대한 부를 계속되는 흉년으로 굶주리는 제주 사람들을 살려 내는 데 모두 내놓았기 때문이다. 그 당시 제주도는 4년이 넘도록 지독한 흉년과 태풍 피해로 많은 사람들이 죽었고, 조정에서 보낸 구호미마저 파도에 휩쓸려 잃었다. 만덕의 눈앞에 굶어 죽는 것은 얼마 안 있는 시간만 주어지는 사람들은 모두 먹이기에는 턱없이 부족한 상황이었다.

'이건 내가 평생 일해서 모은 돈이다. 섬에 있는 배를 모두 동원해서 육지로 내가 국식을 사 오리라. 사람 목숨보다 더 귀한 건 없다.'

전국적인 흉년 속에 국식을 부르는 값이야말로 치솟았지만, 만덕은 십 년 이상 모은 전 재산으로 구해 온 전국 같은 국식을 굶는 기부하였다. 이 소식을 들은 정조는 김만덕의 소원인 유상과 하라하여 안덕의 금강산을 다녀온 우리나라 최초의 여자 상인이 되었다. 1812년, 김만덕은 은혼 빛이 나이로 생을 마감하였다.

'성을 받으려 한 일이 아니다. 재물이란 뜻이고 쓸어지는 때가 있는데 굶어 죽어가는 사람들 앞에서 어떻게 보기만 하겠나. 당시 소원이 있다면 제주를 벗어나 임금님이 계시는 한양과 금강산을 돌아보고 싶을 따름이다.'

당시 제주 여자가 육지에 나가는 것을 금지하고 있었으나 정조는 기꺼이 만덕의 소원을 허락하였고, 만덕은 평민의 신분으로 가져처럼 만나고 금강산을 마다로 나이로 제주에서 생을 마감하였다.

확인 이 내용이 담긴 디지털 매체는 인터넷 [백] [과] [사] [전] 이다.

▲ 인터넷 백과사전을 통해 알게 된 내용으로 알맞은 것에 ○표를 하세요.

김만덕은 정치과 신용을 지키는 상인이 되었었다. ○

김만덕이 유명해진 까닭은 제주 최고의 부자가 되었기 때문이다.

김만덕은 배를 사서 제주도 사람들의 육지로 갈 수 있도록 도왔다.

해설 김만덕은 제주에서 태어나 거상이 된 인물로, 김만덕이 유명해진 까닭은 자신의 전 재산을 들여 국식을 사서 죽어가는 제주 사람들을 살렸기 때문입니다.

▲ 정조에게 말한 김만덕의 소원으로 알맞은 것을 두 가지 골라 기호를 쓰세요. 답 ④, ⑭

㉮ 제주를 벗어나 육지에서 살고 싶다.
㉯ 임금님이 계신 한양을 돌아보고 싶다.
㉰ 금강산을 돌아보고 싶다.
㉱ 부모님이 물려주신 양인의 신분을 되찾고 싶다.

해설 정조가 소원을 묻자 김만덕은 "소원이 있다면 제주를 벗어나 임금님이 계시는 한양과 금강산을 돌아보고 오는 것"이라고 하였습니다.

활동 인터넷 백과사전에서 찾은 내용을 바탕으로 하여, 사회 활동가로서 김만덕이 한 일을 정리한 것입니다. 빈칸에 들어갈 내용을 써 보세요.

예 그 당시 제주는 지독한 흉년과 태풍 피해로 굶어죽는 사람들이 많았는데, 만덕은 십 년 이상 모은 전 재산으로 전국 같은 국식을 구해 굶기에 기부하였다. 그래서 굶주림에 시달리던 제주 사람들을 살렸다.

이 소문을 들은 정조는 김만덕의 소원인 유상을 유상을 하라하여 안덕은 다녀온 우리나라 최초의 여자 상인이 되었다. 1812년, 김만덕은 은혼 빛이 나이로 생을 마감하였다.

김만덕의 삶을 기록한 '안덕전'에 대해 알아보기

조선 정조 때에 무신 채제공이 지은 작품으로, 이름에 채물을 쓸 줄 아는 김만덕의 마음을 기리고, 그녀의 선행을 널리 알려 본보기로 삼기 위해 지은 글이다. 함든 처지와 환경을 이겨 내고 어려운 일을 해낸 것에 대한 칭찬과 검토, 그리고 임금의 배려로 한양과 금강산 나들이를 한 일 등이 기록되어 있다.

3회 사회

2 웹툰을 읽고 안내문 쓰기

공동 주택의 층간 소음 예방

은유네 아파트 주민 자치회에서는 층간 소음에 관한 규칙을 정하고, 캠페인도 벌이기로 했어요. 층간 소음에 관한 자료를 살펴보고 인터넷 게시판에 올릴 층간 소음을 줄이기 위한 안내문을 써 보세요.

잊지 마세요! 공동 주택이에요!

이 시간까지 쿵쿵거리다니!

시끄러워서 우리 아기가 깼구나.

아, 도대체 공부를 할 수가 없네.

확인 이 내용이 담긴 디지털 매체는 **웹** **툰** 이다.

층간 소음의 원인

뛰거나 걷는 소리 61.4%
기타 25.3%
가전 제품 소리 1.1%
악기 연주 소리 0.9%
문 여닫는 소리 2.0%
가구 끄는 소리 4.6%
망치 소리 4.7%

출처: 한국환경공단(2020년)

층간 소음을 줄일 수 있는 방법

공동 주택 예절
- 집수 수리하거나 망치질을 해야 할 때 이웃에게 미리 양해 구하기
- 의자나 가구에 소음 방지 패치 붙이기
- 바닥에 매트를 깔고, 실내에서 덧신 신기
- 청소기나 세탁기 사용은 10시 이전에 끝내기

---

3 주차

정답과 해설 40쪽

▲ 웹툰에서 다루고 있는 문제로 알맞은 것에 ◯표를 하세요.

주차 문제 / **중간 소음 문제** / 쓰레기 분리 배출 문제

해설 웹툰에는 층간 소음 사례와 원인이 나타나 있습니다.

▲ 층간 소음의 원인과 이를 줄일 수 있는 방법을 알맞게 선으로 이으세요.

뛰거나 걷는 소리	이웃에게 미리 양해 구하기
가전 제품 사용 소리	바닥에 매트를 깔고, 실내에서 덧신 신기
망치질 하는 소리	청소기나 세탁기 사용은 10시 이전에 끝내기

해설 소음을 줄이려면 층간 소음을 읽는데 생각해 보면 됩니다. 뛰거나 걷는 소리를 줄일 때 나는 소리는, 청소기나 세탁기 같은 가전 제품은 너무 늦은 시간에 사용하지 않고, 공사나 망치질을 해야 할 때에는 이웃에게 미리 양해를 구하도록 합니다.

활동 인터넷 게시판에 올릴 '층간 소음을 줄이기 위한 안내문'을 완성해 보세요.

층간 소음을 줄이기 위한 안내문

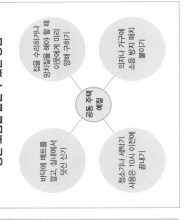

늦은 밤이나 이른 아침엔 참아 주세요.

예 애완견 교육도 필수예요!

예 나에게 좋은 소리가 남에게는 소음이 될 수 있어요!

해설 층간 소음을 줄이기 위해 노력해야 할 것들을 생각하며 그림과 관련 있는 문구를 씁니다.

공동 주택에서 지켜야 할 예절
- 밤 늦게 가전 제품, 악기, 운동 기구, 애완견 소리가 나지 않게 한다.
- 밤 늦은 시간이나 이른 시간에 뛰거나 큰 소리가 나지 않게 한다.
- 복도나 계단에 집 안의 물건을 내놓지 않는다.
- 정해진 요일에 쓰레기 분리 배출을 한다.

▲ 이 글을 읽은 민주는 다음과 같은 생각을 하였습니다. 민주와 비슷한 생각이 담긴 댓글은 누가 썼는지 ○표를 하세요.

민주: 축제에 새카들을 실리는 데 꼭 앞새가 필요했을까 하는 아쉬움이 남았어요. 앞새도 족독머리처럼 행복하게 살기를 바랐는데 너무 슬펐어요.

호아   토리   찡아

[해설] 마지막에 앞새가 희생하는 장면이 중격적이라는 호아의 생각과 앞새의 죽음을 슬퍼하는 민주의 생각이 비슷합니다.

▲ 인터넷 게시판에 독서 후기를 쓸 때 주의할 점으로 알맞은 것의 기호를 쓰세요. [㉣]

㉠ 글의 줄거리만 쓴다.
㉡ 어느 한 부분의 내용만 길게 쓴다.
㉢ 조회 수를 늘리기 위해 흥미 위주로만 쓴다.
㉣ 저작권이 있는 자료를 올릴 때에는 출처를 밝혀 쓴다.

[해설] 저작권이 있는 자료를 올릴 때에는 출처를 반드시 밝혀야 합니다.

▲ 인터넷 게시판에 독서 후기를 읽고 내 생각이나 느낌을 댓글로 써 보세요.

● 댓글

예 앞새은 족독머리를 누구보다 사랑했던 엄마임에 틀림없습니다. 족독머리가 잘되기를 바라는 앞새의 모습에서 부모님이 떠올라 감동적이었어요.

[해설] 독서 후기를 읽고 어떤 생각이나 느낌이 들었는지 댓글로 써 봅니다.

인터넷 게시판에 독서 후기를 쓸 때 주의할 점

- 줄거리를 간단하게 소개하고 생각이나 느낌을 함께 쓴다.
- 어떤 한 부분에 대한 내용만 쓰기보다는 전체적으로 느낌을 골고루 쓴다.
- 저작권이 있는 내용이나 자료를 이용할 때에는 반드시 출처를 밝힌다.
- 제목은 흥미를 끌 만한 내용으로 붙인다.

게시판을 읽고 댓글 쓰기

《마당을 나온 암탉》을 읽고

책 《마당을 나온 암탉》을 읽고 다른 친구의 감상도 읽어 보고 싶어서 인터넷 서점의 게시판을 찾아보았어요. 책을 읽은 한 친구가 게시판에 남긴 독서 후기를 읽고 생각하거나 느낀 점을 댓글로 써 보세요.

🏠 언어 소통 > 열린 게시판 > 자유 게시판

자유 게시판

《마당을 나온 암탉》 감동 후기

작성자: 배수민

큰 딸과 이기 우리가 나란히 서 있는 책 표지를 보고 둘이 어떤 사이일까? 하는 궁금증으로 이 책을 읽게 되었습니다.

동화에서 암을 낳기만 했던 암새는 자신의 알을 직접 키워 보고 싶은 꿈을 위해 양계장을 탈출하여 바깥 세상으로 나오게 됩니다. 암새는 우연히 자신의 알을 품고 있던 오리 나그네의 도움으로 청설것 부화시켜 마침내 그 토록 바라던 엄마가 됩니다. 하지만 바쁜 세상은 암새에게 부화한 초록머리를 보살피기 위해 너무 험난한 곳이었습니다. 초록머리가 항상 초록머리를 노리는 오리의 위협으로부터 보호하기 위해 암새의 노력은 눈물겹습니다. 그리고 시간이 지날수록 독재에 대한 암새의 시각도 변화하게 됩니다. 독재에도 자신의 삶을 지켜 내려는 부모의 것을...... 앞새는 초록머리를 남몰래 떠나 보내고, 독재의 새끼의 먹잇감이 되어 주기 위해 독재에게 자신의 몸을 내어 줍니다. 이 책을 읽으면서 자유를 누리기 위해서는 많은 일들을 참아 내야 한다는 것을 알게 되었습니다. 그리고 앞새의 희생과 부모님이 우리에게 베푸는 사랑이 끝없다는 것도 깨닫게 되었습니다. 저도 앞새처럼 어려운 일이 닥쳐도 씩씩하게 견뎌 낼 수 있는 지혜와 용기를 가진 사람으로 자라나겠습니다.

공감하기 ♡ | 댓글 3 | ∧

L, **호아** 앞새와 초록머리가 행복하게 살아가는 결말이 될 줄 알았는데 마지막 장면이 너무 충격적이어서 평을 울었어요.

L, **토리** 자신의 희생을 행복하게 받아들이는 앞새의 모습을 보니 대단하다고 생각했어요.

L, **찡아** 만화 영화도 보셨나요? 저는 책으로 먼저 읽고 만화 영화를 보았는데 책에 대한 감동을 받았습니다. 만화 영화로 보면 같은 이야기도 또 다른 감동을 느낄 수 있어요.

[해설] 이 내용이 담긴 디지털 매체는 인터넷 [게 시 판]이다.

3 주차

정답과 해설 42쪽

보은 속리 정이품송

지정종목	천연기념물
지정일	1962년 12월 7일
소재지	충북 보은군 속리산면 상판리
종류/분류	식물 소나무
크기	높이 15m, 가슴높이 둘레 4.5m
수령	약 500~600년

1464년(세조 10)에 세조가 법주사로 행차할 때 타고 있던 가마가 이 소나무 아래를 지나게 되었다. 그런데 늘어진 가지 때문에 가마가 지나갈 수 없어 모두 난처해하고 있을 때 신기하게도 소나무 가지가 스스로 올라가 세조가 탄 가마가 무사히 지나갈 수 있었다. 그 뒤 세조가 이 소나무에 정이품의 벼슬을 내려 '정이품송'이라는 이름을 얻었다는 이야기가 전해진다. 예전에는 정이 품송 특유의 우산형 모습이었으나 1993년 강풍에 좌측 앞쪽 가지가, 2004년 폭설에 좌측 우측 가지가 피해를 입어 이후 지지대를 세워 놓았다.

창녕 우포늪 천연 보호 구역

지정종목	천연기념물
지정일	2011년 1월 13일
크기	3,438,056m²

경상남도 창녕군 유어면 우포늪에 있는 우리나라 최대의 자연 습지로, 2008년부터 실시되고 있는 따오기 복원 사업이 추진되고 있는 곳이기도 하다. 또, 환경부가 멸종 위기종으로 지정해 보호하고 있는 가시연꽃 자라풀 등 168종의 식물과 각시붕어 등 28종의 어류, 두더지, 족제비 등 12종의 포유류 등 1200여 종이 다양한 동식물이 서식하고 있는 중요한 곳이다. 1997년 7월 환경부에 의해 생태계 특별 보호 구역으로 지정되었다.

사전(辭典)과 사전(事典)의 차이점

・사전(辭典): 국어사전, 한자사전 같이 언어의 해석, 어원, 철자, 발음 등 모두 언어에 관한 지식을 설명한 것이다.
・사전(事典): 각 분야에 관한 지식을 일반적으로 설명한 것이라는 이유에서 언어 사전과 구별하여 오늘날에는 일반적으로 백과사전(百科事典)이라 부른다.

4회
과학

2 인터넷 백과사전을 읽고 카드 뉴스 완성하기

황새, 정이품송, 우포늪

천연기념물이란 학술 및 관상적 가치가 높아 문화재보호법에 의해 지정된 동물, 식물, 지질·광물 및 천연 보호 구역 등의 국가 지정 문화재를 말해요. 황새와 정이품송, 우포늪에 대한 백과사전 내용을 살펴보고 카드 뉴스를 완성해 보세요.

독독백과사전

황새

지정종목	천연기념물
멸종위기등급	환경부 멸종위기 야생생물 1급
분포지	러시아, 중국, 대만, 한국 등

사진 소개 | 연표

'큰 새'라는 뜻의 '한새'로 불린 천연기념물 황새는 암수 모두 검은색을 띤 날개를 일부를 제외하고 몸 전체는 흰색이며, 다리는 붉은색을 띤다.

황새는 민물과 습지대 그리고 때때로 가까운 갯벌에서 물고기 와 작은 동물을 잡아먹고 산다. 하지만 논밭이 지나친 농약 사용으로 인한 곤충들의 죽음과 야생동물의 먹이 감소가 원인이 되어 그 수가 매우 좋아들었다. 이러한 생태계 피괴로 다른 종보다 먹이 먹이 찾는 기술이 떨어진 황새는 빨리 사라질 수밖에 없었다.

충북 청주시 흥덕구 강내면에 위치한 황새 생태 연구원에서는 황새를 복원해 2022년 1월 현재까지 155마리를 야생으로 돌려보냈다.

이 내용이 담긴 디지털 매체는 인터넷 백 과 사 전 이다.

활동2

인터넷 백과사전 내용을 참고하여 사진 자료에 알맞게 천연기념물을 소개하는 카드 뉴스를 완성해 보세요.

천연기념물이란

학술 및 관상적 가치가 높아 문화재보호법에 의해 지정된 동물, 식물, 지질·광물 및 천연 보호 구역 등의 국가 지정 문화재를 말합니다.

황새

예 황새는 '큰 새'라는 뜻이 '한새'로 불리기도 하는 천연기념물입니다.

우포늪

우포늪은 경상남도 창녕군에 있는 자연 습지로, 따오기 복원 사업이 추진되고 있는 천연기념물입니다.

정이품송

예 정이품송은 충북 보은군 속리산 산내 상판리에 있는 소나무로, 세조와의 일화가 전해지는 천연기념물입니다.

해설 사진의 모습을 가장 잘 나타낼 수 있는 내용을 찾아 핵심이 드러나게 소개해 봅니다.

▲ 인터넷 백과사전에서 찾을 수 있는 정보로 알맞은 것에 모두 ○표를 하세요.

황새의 수가 줄어드는 원인	○
보은 속리 정이품송을 심는 까닭	
우포늪이 생태계 특별 보호 구역으로 지정된 때	○

해설 인터넷 백과사전에서는 황새의 수가 줄어든 원인, 보은 속리 정이품송이 유래, 우포늪이 생태계 특별 보호 구역으로 지정되고 있는 복원 사업 등을 찾아볼 수 있습니다.

▲ 이와 같은 백과사전에 대한 설명으로 알맞은 것의 기호를 쓰세요. 답 ④

㉮ 언어의 해석, 어원, 철자, 발음 등 모든 언어에 관한 지식을 설명한 것이다.
㉯ 각 분야에 관한 지식을 설명한 것이다.
㉰ 한자로는 사전(辭典)이라고 쓴다.

해설 ㉮, ㉰는 국어사전과 같은 '사전(辭典)'에 대한 설명입니다. 백과사전은 '사전(事典)'에 해당합니다.

활동1

온라인 대화방에서 외국인 친구가 한국의 천연기념물에 대해 알려 달라고 합니다. 백과사전 자료를 참고하여 소개할 내용을 써 보세요.

외국인 친구

외국인 친구
안녕?
어제 황새에 대한 한국 다큐 멘터리 내용을 봤어. 황새처 럼 동물 등 천연기념물을 알고 싶 은 천연기념물에 대해 소개 해 줄래?
오전 9:55

충북 보은군 속리산 상판리에 정 이품송이라는 소나무가 있어. 조선 시대 세조가 소나무에게 정이품이 라는 벼슬을 내렸다고 전해. 이 소나무도 수명이 약 500~600년으로 천연 기념물로 지정되어 있어.
오전 9:58

해설 백과사전 내용에서 우포늪에 대한 내용을 간단히 소개해 봅니다.

외국인 친구

외국인 친구
아하, 그렇구나. 그럼 혹시 천 연 보호 구역으로 지정된 천 연기념물도 있어?
오전 10:00

예 우포늪은 경상남도 창녕군 우 포늪길에 있는 우리나라 최대 의 자연 습지로, 천연 보호 구 역으로 지정된 곳이야.

5회
사회

1 인터넷 백과사전을 읽고 웹툰 그리기
머피의 법칙이 뭐예요

운이 나쁜 일이 자꾸 나에게 일어날 때 '아, 머피의 법칙'이라고 외치는 경우가 있어요. 인터넷 백과사전에서 '머피의 법칙'에 대해 찾은 내용을 바탕으로 하여 상황에 어울리는 웹툰을 그려 보세요.

톡톡백과사전
사전 소개 | 연표

왜 나한테만 일어날까, 머피의 법칙

친구의 생일날 약속 시간에 늦어서 서둘러 나왔는데 집에 선물을 놓고 왔을 때, 학교 급식 시간 음식을 받는데 맛있는 반찬이 내 앞에서 막 떨어졌을 때 우리는 이렇게 말하곤 한다.
"아, 머피의 법칙이야."

이처럼 우리는 일상생활에서 계속 하는 일마다 꼬이게 될 때 '머피의 법칙'이란 말을 자주 사용한다. 과연 머피의 법칙이 뭘까?

사전에는 '하고자 하는 일이 우연히 나쁜 방향으로만 가는 현상을 이르는 말'이라고 나온다. '머피'란 머피의 공군 대위인 에드워드 머피에서 따온 말이다.

1949년 머피는 초음속 전투기 개발 실험에 직접 참여했다. 이 실험은 감지기 속력을 높인 상황에서 조종사의 신체에 어떤지, 충격이 어떤지 실험을 잘못 연결한 것이었다. 바로 기술자가 전기선을 잘못 연결한 것이었다. 그중 머피는 "어떤 일을 할 때 여러 가지 방법 가운데서 문제가 생길 수 있는 방법이 있다면 누군가는 꼭 그 방법을 사용한다." 이때 머피는 이런 말을 했던 것 같다. 이것이 머피의 법칙이 되었다. 이 말은 좋지 않은 일은 계속 잘못된다는 뜻으로, 미리 철저하게 준비하는 것이 중요하다는 것을 강조하는 말이다.

이 실험으로 전투기 조종사의 안전 장치가 개발되었으며, 이 안전 장치는 자동차의 안전 장치 개발로 이어져 오늘날 우리가 안전하게 자동차를 탈 수 있게 되었다.

확인 이 내용이 담긴 디지털 매체는 인터넷 백 과 사 전 이다.

▲ 인터넷 백과사전에서 찾은 정보로 알맞은 것에 ○표를 하세요.

머피의 법칙   샐리의 법칙   누탈의 법칙

해설 인터넷 백과사전에서 머피의 법칙에 대한 정보를 찾은 것입니다.

▲ '머피의 법칙'과 관련 있는 내용으로 알맞은 것에 모두 ○표를 하세요.

- '머피'란 미국의 전투기 이름에서 따온 말이다.
- 머피가 참여한 실험과 관련되어 있다.
- 미리 철저하게 준비하는 것이 중요하다는 것을 강조하는 말이다.

해설 머피란 미국의 공군 대위인 에드워드 머피에서 따온 말입니다.

활동 다음과 관련된 '머피의 법칙'을 떠올려 보고 어울리는 그림을 그려 웹툰을 완성해 보세요.

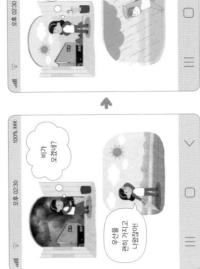

해설 해가 쨍쨍해서 우산을 놓고 간 날에 비가 내려 우는 머피의 법칙을 떠올려 머피의 법칙을 그림으로 표현해 봅니다.

샐리의 법칙
- 머피의 법칙과 반대의 뜻을 담은 말로, 하고자 하는 일이 우연히 좋은 방향으로만 잘 풀리듯 진행되는 현상을 가리킨다.
- 영화 <해리가 샐리를 만났을 때>의 여자 주인공 샐리에게 안 좋은 일들이 계속 일어나다가 결국엔 좋은 일이 생긴 것에서 유래된 말이다.

5회 생활

2 온라인 대화를 읽고 부탁하는 글 쓰기

용돈을 올려 주세요

< 가족 이야기방 4

지오: 엄마, 아빠 지금 시간 괜찮으세요? 오후 6:00

엄마: 지오야, 네 방에 있는 거 아니니? 오후 6:02

지오: 네, 제 방이에요. 아빠가 집에 계시지 않아 대화방으로 말씀드리는 거예요. 왜 용돈을 올려 받아야 하는지 그 이유가 정리되어서요. 오후 6:05

아빠: 지금 막 지하철 탔단다. 도착 약 30분 정도 시간 이 있어서 가능해. ^o^ 오후 6:07

지오: 다행이네요. 오후 6:10

지오: 엄마, 아빠, 지금 제가 받는 용돈은 5천 원밖에 안 돼요. 그래서 부족할 때마다 받은 금액이요. 했는데 그런데 지금은 지금까지 먹고 싶은 간식 사 먹는 것도 부족해요. 오후 6:12

엄마: 먹고 싶은 건 엄마가 사 주니까 큰 문제가 없어 보이는데? .. 오후 6:17

< 가족 이야기방 4

지오: 제가 엄마와 함께 있으면 그렇죠. 하지만 대부분 학원 하는 시간에 저는 친구들과 나가 서 사 먹는 거예요. ㅠㅠ 오후 6:18

엄마: 아, 그렇겠구나. 학년이 올라갈수록 하 고 싶은 것도 늘어나니 ^^* 오후 6:19

지오: 감사해요! 엄마, 아빠~! 오후 6:20

아빠: 지오야, 그럼 엄마와 아빠가 용돈 을 얼마나 올려야 할지 이따 저녁 먹 으며 다시 얘기해 줄게. 오후 6:21

지오: 네! 좋아요. ^^ 오후 6:21

엄마: 지연아, 너도 용돈을 올려 받아야 하는 까닭을 생각해서 얘기해 줄 수 있겠니? 언니처럼 충분히 생각 하고 말해 주렴 ^^ 오후 6:26

엄마, 저도 용돈을 올려 주세요!
오후 6:27

확인 이 내용이 담긴 디지털 매체는 | 온 | 라 | 인 | 대 | 화 | 방 | 이다.

정답과 해설 45쪽

▲ 온라인 대화 내용으로 알맞은 것에 ○표를 하세요.

지오가 용돈을 올려 받아야 하는 까닭을 잘 말하여 부모님을 설득하였다. ( )

부모님께서는 지오에게 용돈을 2만 원 더 올려 주기로 약속하셨다. ( )

해설 지오는 용돈 인상이 되어야 하는 까닭을 잘 설명하여 부모님을 설득하였습니다.

▲ 온라인 대화에 대한 내용으로 알맞은 것에 ○표를 하세요.

엄마의 말에 나타난 이모티콘을 통해 엄마의 (기분 , 이름)을 짐작할 수 있다.

해설 이모티콘을 적절히 사용하면 기분을 좀 더 잘 표현할 수 있습니다.

활동 지연이가 되어 부모님께 용돈을 올려 달라는 내용이 부탁하는 글을 써 보세요.

예 엄마, 제가 요즘 아이돌 ○○○ 오빠들을 좋아하는 거 아시죠? 다음 달에 오 빠들 콘서트가 있어서 돈을 모아야 하는데 용돈이 적다 보니 모을 수 있는 금액이 부족해요. 엄마, 만약 용돈을 올려 주신다면 제 방 청소는 스스로 하고, 게임도 줄일게요. 용돈을 조금만 올려 주세요.

해설 부탁하는 말을 글을 쓸 때에는 먼저 상대방이 들어줄 수 있는 부탁인지 생각해 보고 예의 바르게 말해야 합니다.

이모티콘(그림말)에 대해 알아보기

- 인터넷이나 휴대 전화 등에서 자신의 기분이나 생각을 효과적으로 전달하기 위해 사용하는 기호(^^ / ㅠㅠ / ^o^)이다.
- 이모티콘은 상황에 적절하게 사용하면 좋지만 진지하거나 심각한 내용을 말하 는 상황에는 어울리지 않는다.

확인 문제 »

4 '간디'라는 인물에 대해 알아볼 수 있는 매체로 알맞지 않은 것은 무엇인가요? (③)

정답과 해설 46쪽

① 블로그   ② 카드 뉴스   ③ 직접 면담

④ 인터넷 신문   ⑤ 인터넷 백과사전

해설 직접 면담하기는 실제 인물과 이루어져야 합니다.

5 다음 중 인터넷 게시판에 독서 후기를 알맞게 쓴 친구의 이름을 쓰세요.

> 정후: 흥미를 끌 만한 제목을 붙여 전체의 느낌을 공고로 써야 해.
>
> 주아: 책 내용 일부와 그림을 그대로 베껴서 실감 나게 써야 해.

(정후   )

해설 저작권이 있는 자료를 그대로 옮겨 쓰는 것은 저작권법에 어긋나는 행동이므로 반드시 출처를 밝혀야 합니다.

6 아파트 층간 소음을 줄이기 위한 안내문을 올리기에 알맞은 매체는 무엇인지 ◯표를 하세요.

인터넷 배과사전

인터넷 게시판

학교 누리집

해설 아파트 주민들이 사용하는 인터넷 게시판에 안내를 하는 것이 좋습니다.

7 다음 사진의 내용을 불로그에 소개할 때 알맞은 키워드는 무엇인가요? (⑤)

▲ 황새

▲ 보은 속리 정이품송

▲ 청령포와 천연 보호 구역

① 식물   ② 조선 시대   ③ 우리나라 국보

④ 세계 종류   ⑤ 천연기념물

해설 황새, 정이품송, 유표도는 모두 천연기념물로 지정된 것입니다.

확인 문제 »

1 다음은 어떤 광고에 속하는지 ◯표를 하세요.

영상 광고

공익 광고

배너 광고

해설 텔레비전이나 인터넷과 같이 영상으로 표현한 광고입니다.

2 다음은 어떤 매체에 대한 설명인지 알맞은 말에 ◯표를 하세요.

> 인터넷 (게시판, 백과사전)은 인터넷을 통해 화원들 또는 불특정 다수의 사용자들 사이에서 의견이나 정보를 교환하거나 프로그램을 공유할 수 있도록 만든 것이다.

해설 포털 사이트 게시판에 대한 설명입니다.

3 불로그를 찾다가 '좋은 아파트에서 기울 수 있는 강아지'라는 키워드를 검색해 보았습니다. 알맞지 않은 것은 무엇인가요? (②)

① 푸들   ② 리트리버   ③ 몰티즈

④ 시추   ⑤ 포메라니안

해설 리트리버는 몸집이 크고 운동량이 많아 마당이 있는 주택에서 키우는 것이 좋습니다.

4주차

정답과 해설

1회 생활

1 온라인 대화를 읽고 의견 쓰기

우리 학교 알뜰 시장

정아네 반은 학교 알뜰 시장에서 하기로 했던 재능 교환 활동을 기부를 다른 활동으로 교체하려고 한 상황이에요. 정아는 급하게 온라인 대화방을 통해 친구들과 의견을 나누고 있어요. 내가 정아네 반이라면 어떤 의견을 냈을지 써 보세요.

확인 이 내용이 담긴 디지털 매체는 [온] [라] [인] [대] [화] [방] 이다.

▲ 온라인 대화의 내용으로 알맞은 것에 ○표를 하세요.

학교 알뜰 시장 활동 정하기 ( )

학급 행사 장소와 시간 정하기 ( )

해설 친구들은 학교 알뜰 시장 행사에서 무엇을 할지 정하고 있습니다.

▲ 정아네 반 친구들이 온라인 대화를 한 까닭은 무엇인지 기호를 쓰세요. 답 ⑦

⑦ 빠른 문제 해결을 위해서
⑭ 재미있는 이야기를 함께 나누기 위해서
⑮ 직접 만나서 이야기하는 것보다 정확하게 의논할 수 있어서

해설 친구들은 갑작스럽게 변경된 학교 알뜰 시장 활동을 의논하기 위해 대화방을 열었습니다.

활동 학교 알뜰 시장 활동으로 또 어떤 활동이 좋을지 내 의견을 써 보세요.

해설 학교 알뜰 시장 활동 경험을 떠올려 보며 이미 있는 활동을 생각하며 씁니다.

온라인 대화방을 통한 대화의 장단점

• 빠르게 소통할 수 있다.
• 컴퓨터나 스마트폰만 있으면 시간과 공간의 제약을 받지 않는다.
• 너무 많은 대화가 오가다 보면 중요한 내용을 놓칠 수 있다.
• 주제를 정해 대화하다가 다른 내용으로 쉽게 빠질 수 있다.

1회 역사

세계의 음식, 중국 딤섬

2 SNS와 블로그 글을 읽고 마인드맵으로 정리하기

중국 음식점에서 딤섬을 맛본 세나네 가족은 중국 음식 딤섬 사진을 SNS에 올리고, 딤섬에 대한 정보를 찾아보았어요. 블로그 글을 통해 쉽게 쉽게 될 정보를 마인드맵으로 정리해 보세요.

확인 이 내용이 담긴 디지털 매체는 누리 소통망(SNS)과 [블] [로] [그] 이다.

세나네
오전 10:30

포뿌리, meme_so님 외 21명이 좋아합니다.
세나네 #딤섬 #중국음식 #광둥여행 #중식
#간식 #먹스타그램 #먹팁 #맛집
#오늘도나는음식여행
#담백하고길쭉한맛
3시간 전

← 댓글

포뿌리 만두예요? 만두 모양 같기도 하고 아닌 것 도 같고.
1일 답글달기

meme_so 딤섬이에요. 윗부분이 돌려 속이 보이 는 것을 보니 '마이' 종류인가 봐요.
1일 답글달기

세나네 오, meme_so님 딤섬 마니아이신가요? 혹 시 딤섬이라는 이름의 유래도 알고 있어요? 딤 섬이라는 이름에는 마음에 점을 찍는다는 뜻이 있어요? 사이에 간단하게 먹는다는 뜻이 있다는데, 농부들이 일을 하다 잠시 쉴 때 차와 함께 곁 들여 먹었던 음식에서 유래했다고 해요.
24분 답글달기

meme_so 20분 이러 그런 뜻이 담겨 있었군요!
20분 답글달기

세나네 저도 이번에 먹어 보고 딤섬 맛집 완전히 빠져 버렸어요. 담백하면서 깔끔한 맛이 있더라 고요. 그런데 광둥의 다양한 종류의 딤섬 이 있더라고요. 딤섬에 대해 더 알아보고 싶어 서 블로그 좀 찾아봤답니다. 블로그 공유해 줄 테니 한번 읽어 보세요.
15분 답글달기

역사

딤백 깔끔 중국 음식, 딤섬

여행지기 20XX 12 12 17:39

안녕하세요? 오늘 딤섬 여행지는 중국 광둥 지방입니다. 광둥 지방이 는 상하이, 스촨, 베이징 요리와 더불어 중국 4대 요리로 불리고요. 광둥 지방 은 아열대 기후에 속하는 데다 16세기 후반부터 유럽과의 경험된 교류로 인해 외국 문 화의 영향을 많이 받아 요리에도 서양 요리의 기준에서 '딤섬'에 대해 알아보겠습니다.

한국에서는 '딤섬'이라고 하면 만두를 떠올리지만 딤섬은 만두뿐 아니라 간식과 같은 가벼운 음식을 모두 가 리킵니다. 어느 배가 부르게 먹는 것 이 아니라 '딤섬(點心)'이라는 이름처 럼 마음에 점을 찍듯이 끼니 사이에 간단하게 먹는다는 뜻을 지닙니다.

딤섬은 여러 가지 유래가 있지만 농부들이 일을 하다 잠시 쉴 때 차 와 함께 먹었다는 이야기가 가장 널리 알려져 있습니다.

딤섬의 종류

딤섬은 모양에 따라 부르는 이름이 여러 가지입니다. 우리말의 완두처 럼 피가 두껍고 둥근 모양의 딤섬은 '바오', 피가 얇아 속 내용물이 훤히 들여 다보이는 딤섬은 자오'라고 합니다. 이런 '바오'와 '자오'의 중간 형태인 피의 윗부분이 뚫려 마치 꽃봉오리처럼 보이는 딤섬은 '마이'라고 합니다.

딤섬의 재료

딤섬은 인체 무엇이 들어가느냐에 따라 이름도 다양합니다. 주로 채소가 들 어가면 '차이', 고기가 들어가면 '러우', 새우가 들어가면 '사'가 붙습니다.

딤섬의 조리 방법

딤섬은 다양한 재료만큼 조리법도 여러 가지입니다. 딤섬을 이용하여 피기 도 하고, 기름에 바삭하게 튀기거나 맛있게 구워 먹기도 합니다.

목록
전체 보기(90)
아시아(26)
아프리카(11)
유럽(21)
오세아니아(6)
북아메리카(9)
남아메리카(17)

광둥 요리의 특징

- 해산물을 재료로 하는 요리가 많다.
- 맛이 신선하고 담백하며 좋겠음을 그대로 살려 천연의 맛을 느낄 수 있다.
- 쇠고기, 사향 채소, 토마토 케첩, 우스터소스, 굴소스 등 서양 요리에 들어가는 재료와 조미료를 사용한다.

4 주차

활동 블로그를 통해 알게 된 딤섬에 대한 정보를 마인드맵으로 정리해 보세요.

이름에 담긴 뜻
배 부르게 먹는 것이 아니라 마음에 점을 찍듯이 끼니 사이에 간단하게 먹는다.

지역
예 중국 광둥 지방

딤섬
주로 중국 광둥 지방에서, 점심 전후로 간단하게 먹는 음식을 통틀어 이른다.

딤섬의 이름

모양에 따라	재료에 따라
바오, 자오, 마이	차이, 라우, 샤

유래
농부들이 일을 하다 잠시 쉴 때 차와 함께 곁들여 먹었던 음식에서 유래하였다.

해설 블로그 내용을 살펴보고 각각의 분류 기준에 따라 알맞게 정리합니다.

▲ SNS에 소개한 음식은 무엇인지 ○표를 하세요.

중국 딤섬	멕시코 타코	터키 케밥

해설 세나네는 중국 음식 전문점에서 먹는 딤섬 사진을 SNS에 올렸습니다.

▲ 딤섬에 대한 내용으로 알맞지 않은 것에 ○표를 하세요.

모양과 재료에 따라 여러 가지 이름으로 부른다.

딤섬 이름만으로는 재료와 모양을 구분할 수 없다. ⊙

끼니 사이에 간단하게 먹는 음식을 가리킨다.

농부들이 일을 하다 잠시 쉴 때 차와 함께 곁들여 먹었던 음식에서 유래했다.

해설 주로 채소가 들어가면 '차이', 고기가 들어가면 '라우', 새우가 들어가면 '샤'를 붙여 딤섬 이름만으로도 재료를 구분할 수 있습니다.

▲ 딤섬의 모양과 설명에 알맞게 이름을 쓰세요.

바오 — 피가 두껍고 둥근 모양이야.

마이 — 피의 윗부분이 통류 꽃봉오리 처럼 보여.

자오 — 피가 얇아서 속 내용물이 들여다보여.

해설 피가 두껍고 둥근 형태의 딤섬은 '바오', 피가 얇아 속 내용물이 들여다보이는 딤섬은 '자오', 피의 윗부분이 이 풍경 꽃봉오리처럼 보이는 딤섬은 '마이'라고 합니다.

4 주차

▲ 비의 굵기가 가장 가는 비에 ○표를 하세요.

(는개)   이슬비   담구비

해설 는개는 안개보다는 조금 굵고 이슬비보다는 가는 비라고 하였고, 담구비는 빗방이 아주 굵게 쏟아지는 비라고 하였습니다.

▲ 웹툰이 완성되기까지의 차례에 알맞게 번호를 쓰세요.

만화 설계도에 따라 스케치, 채색, 명칭, 대사 넣기 등의 그림 작업을 한다. [2]

컴퓨터로 그린 그림을 인터넷에 올린다. [3]

만화를 그리기 전에 줄거리 끝 만한 소재를 찾아 시나리오를 작성한다. [1]

해설 만화를 그리기 전에 줄거리 끝 만한 소재를 찾아 내는 소재를 찾아 시나리오를 작성한 후 그림 작업을 하고, 컴퓨터로 그린 그림을 인터넷에 올립니다.

활동 순우리말 비 이름들을 보고 어떻게 내리는 비의 모습을 말하는 것인지 상상하여 써 보세요.

먼지잼	실비	해비	도둑비
먼지나 잠재울 정도로 아주 조금 내리는 비.	실처럼 가늘고 길게 금을 그으며 내리는 비.	예 한쪽에서 해가 비치면서 내리는 비.	예 예기치 않게 밤에 몰래 살짝 내리는 비.

예시 순우리말이 뜻하는 내용을 떠올려 보고 비가 내리는 모습을 상상해 봅니다.

웹툰 작가가 하는 일

- 만화를 그리기 전에 줄거리 끝 만한 소재를 찾아 시나리오를 작성한다.
- 시나리오에 따라 만화 설계도를 쓴 다음 컷을 나누고, 스케치, 채색, 편집, 대사 넣기 등의 작업을 한다.
- 컴퓨터로 그린 그림을 인터넷에 올린다.

2회 문화

웹툰을 읽고 순우리말 비 이름 짓기

여우비 내려서

'여우비'처럼 비와 관련된 다양한 우리말들이 있어요. 웹툰을 보면서 비와 관련된 우리말에는 어떤 것들이 있는지 살펴보고, 우리말 비 이름에 어울리는 비가 내리는 모습을 떠올려 써 보세요.

여우비 <비와 관련된 우리말>

아으, 깜짝이야!

아? 여우 어디 갔지?

예상치 않게 갑자기 나타났다가 사라지는 여우처럼, 햇볕이 쨍쨍한 날 잠깐 뿌리다가 마는 비를 '여우비'라고 해.

비와 관련된 우리말

는개
안개보다는 조금 굵고 이슬비보다는 가는 비.

담구비
빗방이 아주 굵게 쏟아지는 비.

잠비
여름에 일을 쉬고 잠을 잘 수 있게 하는 비라는 뜻으로, 여름 비를 이르는 말.

활동 이 내용이 담긴 디지털 디지털 매체는 [웹] [툰] 이야.

4주차

▲ 블로그에서 설명한 내용으로 알맞은 것에 모두 ○표를 하세요.

[세균] [독감] [바이러스]

> 해설 세균과 바이러스는 인류 역사상 전쟁보다 더 많은 사람을 사망에 이르게 했습니다.

▲ 관련 있는 것끼리 알맞게 선으로 이으세요.

세균 — 스스로 수를 늘릴 수 없음.

바이러스 — 스스로 수를 늘릴 수 있음.

> 해설 세균은 스스로 수를 늘릴 수 있는 독립 세포이지만, 바이러스는 다른 생물에 의지하지 않으면 살아남을 수 없습니다.

활동 이 글을 통해 새롭게 알게 된 정보를 카드 뉴스로 정리해 보세요.

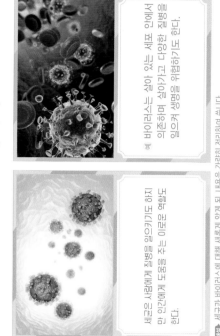

> 세균은 사람에게 질병을 일으키기도 하지만 인간에게 도움을 주는 이로운 역할도 한다.

> 예) 바이러스는 살아 있는 세포 안에서 의존하며 살아가고 다양한 질병을 일으켜 생명을 위협하기도 한다.

> 해설 세균과 바이러스에 대해 새롭게 알게 된 내용을 간단히 정리하여 쓴다.

코로나19 백신의 예방 원리

- 백신을 접종하면 백신에 저항하는 면역 세포를 만든다.
- 면역 세포는 바이러스를 제거하는 항체를 만든다.
- 호흡기를 통해 코로나19 바이러스가 우리 몸에 들어오면 항체가 이를 제거한다.

2회 과학

2 블로그를 읽고 카드 뉴스 만들기

세균과 바이러스, 너희는 누구니

세균과 바이러스는 우리 눈에 보이지 않지만 엄청난 힘을 갖고 있어요. 심지어 사람의 생명까지 위협하는 무서운 존재들이에요. 세균과 바이러스에 대한 글을 읽고 새로 알게 된 정보를 카드 뉴스로 정리해 보세요.

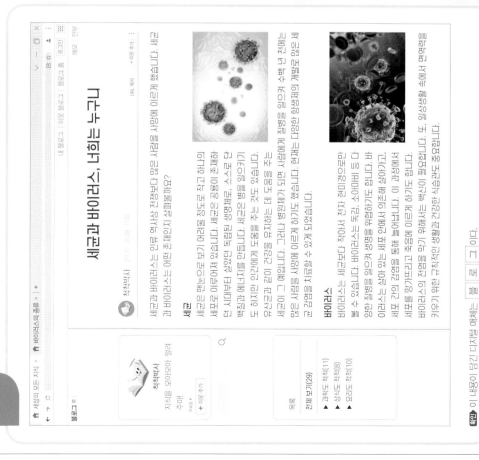

블로그 ≡

지식을 모아요의 일러 주머

척척박사

+ 이웃 추가

목록
전체 보기(29)
▲ 과학도 서적(11)
▲ 상식도 서적(8)
▲ 요리도 서적(10)

세상의 모든 지식 × | 바이러스의 종류 × | +

내 블로그 | 이웃 블로그 | 블로그 홈 | 로그인

척척박사

세균과 바이러스, 너희는 누구니

세균과 바이러스는 인류 역사상 전쟁보다 많은 사람을 사망에 이르게 했습니다. 세균과 바이러스는 어떤 존재인지 살펴볼까요?

세균

세균은 맨눈으로 보기 어려운 정도로 작긴 하나의 세포로 이루어져 있습니다. 세균은 공룡이 존재하던 시대부터 살아온 독립된 생명체로, 스스로 단백질과 에너지를 만듭니다. 세균은 병을 일으키기도 하지만 인간에게 도움을 주는 것도 있습니다. 우산균 같이 인간에게 건강을 유지하는 데 도움을 주는 세균이 그 예입니다. 그러나 병원체가 되면 사람에게 질병을 일으켜 수백 년 전에는 많은 사람을 사망에 이르게 하기도 했습니다. 현재는 다양한 항생제의 개발로 많은 감염을 치료할 수 있게 되었습니다.

바이러스

바이러스는 세균보다 작아서 전자 현미경으로만 볼 수 있습니다. 바이러스는 독감, 소아마비 등 다양한 질병을 일으켜 생명을 위협하기도 합니다. 바이러스는 살아 있는 세포 안에서 살아가고, 세포 간의 경쟁을 통해 늘어납니다. 이 과정에서 세포를 망가뜨리고 죽음에 이르게 하기도 합니다. 바이러스의 전염을 막기 위해서는 백신이 필요합니다. 또, 일상생활 속에서 면역력을 키우기 위한 규칙적인 생활과 건강한 식습관도 중요합니다.

> 활동 이 내용이 담긴 디지털 매체는 [블] [로] [그] 이다.

3회 문화

1 인터넷 백과사전을 읽고 카드 뉴스 완성하기

콜로세움

세계에는 다양한 건축물이 있어요. 그 중에서 이탈리아 콜로세움은 세계 7대 경이로운 건축물 중 하나예요. 이탈리아 콜로세움에 대한 백과사전 자료를 살펴보고 콜로세움을 여행지를 안내하는 카드 뉴스를 만들어 보세요.

독독백과사전

사전 소개 | 연표

콜로세움
이탈리아 로마의 상징인 거대한 원형 경기장

소재지 유럽 > 이탈리아 > 로마
시대 80년
종류 원형 경기장
유형 유적지
테마 세계 유산

위대한 제국, 로마
이탈리아의 수도인 로마는 고대 유적지와 건축물들이 남아 있는 곳입니다. 또한 그리스와 함께 유럽 문명의 기반 지로 오랜 역사와 풍부한 유물, 뛰어난 자연 경관으로 유 네스코 세계 유산이 길이 많이 나타납니다.

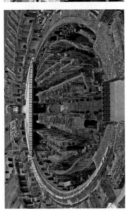

콜로세움의 유래
'콜로세움'이라는 이름은 근처에 네로의 거대한 동상 '콜로수스(colossus)'가 있었던 데에서 유래했다는 말과 '거대하다'는 뜻의 이탈리아어 '콜로살레 (Colossale)'와 어원이 같다는 말도 있습니다. 정식 명칭은 '플라비우스 원형 경기장'인 콜로세움은 이탈리아 로마에 있는 건축물입니다. 플라비우스 왕조 베스파시아누스 황제가 짓기 시작하여 그의 아들 티투스 황제가 80년에 완성한 곳입니다.

출처 이 내용이 담긴 디지털 매체는 인터넷 [백][과][사][전]이다.

4주차

로마 시대 개방성의 상징
베스파시아누스 황제는 네로 시대의 느슨해진 국가 질서를 회복한 후, 네로의 황금 궁전을 헐고 인공 호수가 있던 자리에 콜로세움을 지었습니다. 당시 베스파시아누스 황제는 평민 출신이라 신분이 높았습니다. 보잘것없는 자신을 황제로 만들어 준 시민들을 위한 공공 오락 시설을 마련한 것입니다. 그렇기에 이 곳은 시민들의 지지를 얻는 수단이 되었고, 신분 차이를 극복한 로마 제국의 개방성을 상징하기도 합니다.

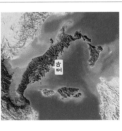

콜로세움의 규모
고대 로마인들의 뛰어난 건축 공학 기술을 엿볼 수 있는 콜로세움은 긴 쪽 지름이 약 187m, 짧은 쪽 지름이 약 155m, 둘레는 약 527m, 높이는 약 48m 정도로 4층의 타원형 건물입니다. 1층은 도리아식, 2층은 이오니아식, 3층은 코린트식 기둥으로 각 층마다 양식을 달리했으며 지붕으로 덮고 외벽은 아치 80개가 둘러싸고 있습니다. 돔과 콘크리트로 세로 완전한 독 구조물이 콜로세움에서는 수천 회에 걸친 검투사들 시합과 맹수들과 인간의 싸움, 모의 해전 등을 벌였고 경기를 즐겼습니다. 최대 5만 명까지 들어가는 어마어마한 규모를 자랑하는 콜로세움은 지은 지 2000년이 다 되어 가는 건물로 로마 제국의 역사를 통틀어 가장 웅장하고 위대한 건축물 중 하나인데, 안타깝게도 지금은 전체의 일부만이 남아 있습니다.

도리아식 이오니아식 코린트식

디지털 시대 백과사전의 변화

• 대중 매체의 변화로 인해 백과사전도 디지털화 되고 학교 교육도 디지털 러닝 시스템으로 이루어지면서 방대한 자료들의 인터넷 검색이 가능해졌다.
• 디지털 시대를 맞아 CD롬이나 USB와 같은 새로운 매체에 내용이 실리기도 하고 온라인 백과사전 서비스도 이루어지고 있다.

활동 2 인터넷 백과사전 내용을 참고하여 사진 자료에 알맞게 '콜로세움'을 알리는 카드 뉴스를 완성해 보세요.

콜로세움으로 오세요~

예 콜로세움은 이탈리아의 수도 로마에 있는 거대한 건축물입니다.

세계 7대 경이로운 건축물 중 하나인 콜로세움으로 떠나 볼까요?

예 어마어마한 규모와 이처럼 둥글게인 외벽, 층마다 다른 양식의 기둥을 볼 수 있는 연형 경기장입니다.

로마 제국의 역사를 통틀어 가장 웅장하고 위대한 건축물 중 하나인 콜로세움은 안타깝게도 지금은 전체의 일부만 남아 있습니다.

해설 사진이 모습을 가장 잘 나타낼 수 있는 부분을 찾이 관광자를 매력적으로 홍보하는 말을 떠올려 씁니다.

▲ 인터넷 백과사전의 내용으로 알맞은 것에 ○표를 하세요.

콜로세움의 출발 안내도

콜로세움의 규모

콜로세움을 관람하는 데 드는 비용

해설 백과사전 자료에는 콜로세움의 규모에 대한 구체적인 내용이 나타나 있습니다.

▲ 이 글을 읽고 세롭게 알아보고 싶은 내용을 인터넷 백과사전으로 찾아보려고 합니다. 찾아보려는 내용으로 알맞은 것의 기호를 두 가지 쓰세요. ㉯, ㉣

㉮ 콜로세움이라는 이름의 유래에 대한 내용
㉯ 콜로세움의 지름과 둘레, 높이에 대한 내용
㉰ 도리아식, 이오니아식, 코린트식 양식이 쓰인 다른 건축물에 대한 내용
㉱ 검투사들 시합과 맹수들과 인간의 싸움, 모의 해전 같은 대규모 전투 장면에 대한 실제 기록 내용

해설 ㉯와 ㉰는 제시된 백과사전 자료에 나타나 있습니다.

활동 1 인터넷 백과사전의 자료를 읽고 블로그에 쓸 글의 키워드를 뽑아 보려고 합니다. 알맞은 내용에 모두 ○표를 하세요.

건축물   콜로세움   그리스

인공 잔디   경마장   세계 유산

해설 콜로세움은 유네스코 세계 유산으로 등재된 거대한 규모의 건축물입니다.

3 회 복습

2 광고를 읽고 온라인 대화하기
쏙쏙 청바지 광고

효제이 이야기는 신문을 보고 있는데 효제에는 텔레비전을 보고 있는데 신문과 텔레비전에서 '쏙쏙 청바지'를 알리는 광고가 나왔어요. 신문 광고와 텔레비전 광고를 보고, 온라인 대화 방에 청바지 광고에 대한 생각을 써 보세요.

● 신문 광고

● 텔레비전 광고

확인 이 내용이 담긴 디지털 콘텐츠 매체는 신문과 **텔** **레** **비** **전** 광고이다.

▲ 신문과 텔레비전에서 광고하고 있는 제품은 무엇인지 ○표를 하세요.

운동화	청바지	허리띠

해설 종이 신문과 텔레비전에서는 '쏙쏙 청바지'를 광고하고 있습니다.

▲ 신문 광고와 텔레비전 광고에 대한 앞의 내용을 모두 골라 ○표를 하세요.

텔레비전 광고는 영상을 움직임을 통해 제품을 효과적으로 보여 줄 수 있다.

신문 광고는 사진과 글을 통해 제품에 대한 정보를 전달한다.

신문 광고는 영상뿐 아니라 음악과 자막을 효과적으로 사용할 수 있다.

해설 텔레비전 광고에서는 영상이나 음악, 자막으로 제품을 광고할 수 있습니다.

활동 신문 광고를 보고 친구들이 온라인 대화방에서 이야기를 나누고 있어요. 광고에 대한 내 생각은 어떠한지 써 보세요.

해설 광고 내용에 대하여 비판적인 시각을 갖고 상품을 골라야 합니다.

광고의 발달

• 미디어의 발달로 신문, 라디오, TV 등이 대부분이었던 시대에서 소셜 네트워크 서비스(SNS)라는 새로운 미디어가 등장했다.

• 오늘날 소비자는 텔레비전보다 컴퓨터나 스마트폰을 훨씬 많이 사용하므로 시진과 글뿐만 아니라 음악이나 자막을 효과적으로 사용할 수 있는 온라인 광고를 통한 소통이 활발하게 이루어지고 있다.

4주차

▲ 인터넷 게시판의 내용으로 알맞은 것에 ○표를 하세요.

체육관 준공식을 맞이하여 학교 숲에서 체육관 (이름, 장소)을/를 전교 생에게 추천받는다고 하셨어요.

해설 새로 지은 체육관의 이름을 전교생에게 직접 지어 달라고 하였습니다.

▲ 인터넷 게시판에 나타나지 않는 내용은 무엇인지 기호를 쓰세요. 📘 ㉑

㉮ 글의 제목이 드러나 있다.
㉯ 글을 쓴 목적이 드러나 있다.
㉰ 글을 쓴 사람이 드러나 있다.
㉱ 글의 이해를 높이기 위한 도표 자료가 드러나 있다.

해설 체육관과 관련된 도표 자료는 제시되어 있지 않습니다.

활동 체육관의 특징에 어울리는 이름을 생각하여 그렇게 지은 까닭과 함께 댓글로 써 보세요. 📘 ㉑

양선주 체육관은 학생들의 건강을 위한 곳이므로 건강하게 자라다. 라는 순우리말 '도담'을
인 '도담 체육관'으로 지으면 좋겠습니다.

♡1

댓글 달기

예 체육관에 인조 잔디가 깔려 있어서 언제나 푸른색이므로 '숲 체육관'
으로 지으면 좋겠습니다.

1000자 이내   등록

해설 체육관의 특징을 생각해 보고 관련 있는 생각이나 물건을 떠올려 창의적으로 이름을 지어 봅니다.

인터넷 게시판 예정

· 게시물의 내용을 잘 드러낼 수 있는 알맞은 제목을 쓴다.
· 게시판의 글은 전달하려는 생각이 명확하게 드러나도록 쓴다.
· 사실로 확인되지 않은 불명확한 내용은 올리지 않는다.
· 알맞은 표현과 올바른 맞춤법을 사용하여 쓴다.

4회 생활

1 인터넷 게시판을 읽고 댓글 달기

체육관 이름 짓기

재상이네 학교에서는 다음 달에 있을 실내 체육관 준공식을 맞이하여 체육관 이름을 추천받아 전교생 투표로 결정하기로 했어요. 체육관의 특징에 어울리는 이름을 생각해 보고 댓글로 써 보세요.

공지 사항

🏠 학교 소식 > 공지 사항

☆ 인쇄

○○초등학교의 새 친구
체육관 이름을 지어 주세요

작성자: 교장 이문해

여러분이 사용하게 될 이 체육관의 이름을 직접 지어 주세요.

오늘부터 일주일 간 체육관 이름과 그렇게 지은 까닭이나 이름에 담긴 지은 이름을 댓글로 제안해 주시기 바랍니다. 여러분이 제안한 이름 중에서 다섯 가지를 뽑아 다음 달에 있을 전교 어린이 회장 선거에서 투표를 하여 결정할 예정입니다. 가장 많은 표를 받은 체육관 이름을 제안한 학생에게는 깜짝 선물도 전달할 예정입니다. 기대하셔도 좋습니다.

우리 학교 모든 어린이의 많은 참여 바랍니다.

○○초등학교장 이문해

확인 이 내용이 담긴 디지털 매체는 인터넷 게 시 판 이다.

정답과 해설 58쪽

2 인터넷 게시판을 읽고 질문에 답글 쓰기

직업군인이 궁금해요

수업이는 자신의 꿈인 직업군인에 대해 더 자세히 알아보기 위해 인터넷 게시판에 궁금한 점을 남겼어요. 수업이가 주고받는 내용을 살펴보고 수업이의 질문을 한 가지 선택하여 답글을 써 보세요.

똑독In

Q 직업군인에 대해 알려 주세요.

작성자 비공개   작성일 20○○.12.26. 12:10

안녕하세요. 제 꿈이 원래는 요리사였는데 최근 방송에서 군인 서바이벌 프로그램을 보고 군인에 대해 관심을 갖기 시작했습니다. 성인이 되면 대대로는 군대가 아니라 직업으로 생각하고 있습니다. 이곳저곳에서 정보를 알아보고 있는데 전문적으로 알아보기가 쉽지 않네요. 참고로 저는 육군과 공군에 관심이 있습니다. 직업군인이 되는 방법을 알려 주세요.

물어보기   ···   댓글 5 조회수 63

☑ 질문자가 채택한 답변

A 직업군인에 관심이 있는 학생이군요. 저는 현재 대전에서 근무하고 있는 직업군인입니다. 직업군인이 되는 방법은 다양합니다. 육군과 공군에 관심이 있다고 했으니 그 둘에 초점을 맞추어 알려 줄게요. 사관학교를 졸업해서 장교(군인)가 되거나, 군입대를 통해 되는 방법, 부사관으로 지원하는 방법 등 모두 직업군인이 될 수 있는 길입니다.

Q 질문자의 추가 질문
몇 가지 더 질문 드려도 될까요?

A 답변자의 추가 답글
그럼요.

Q 질문자의 추가 질문
부사관은 무엇이고 부사관이 되면 무슨 일을 하나요?

A 답변자의 추가 답글
부사관은 장교와 병사 사이의 중간자 역할을 하는 위치라고 할 수 있습니다. 분대 또는 소대와 같은 규모의 집단을 지휘하거나 전투 기본 교육, 보급 정비, 행정 부대 관리와 같은 일을 합니다. 부사관으로 따른 사람을 맡게 되는 방법도 있고, 근대에서 군인의 제대를 하지 않고 부사관에 지원하여 올라갈 수 있는 방법도 있습니다.

Q 질문자의 추가 질문
그럼 육사에 들어가서 장교가 되면 무슨 일을 하나요?

A 답변자의 추가 답글
장교는 지휘관과 참모로 변할이 합니다. 지휘관은 자신이 맡은 부대의 총책임자로 부대원들의 훈련을 지도하거나 여러 가지 행정 업무, 부대 훈련 현황 및 성과를 상급 부대장에게 보고하고, 부대가 맡은 작전 계획을 작성하거나 훈련을 관리합니다. 참모는 지휘관을 도와 부대의 필요한 행정 업무를 관리하고 있습니다.

Q 질문자의 추가 질문
답글 감사드립니다. 마지막 질문 하나만 더 드릴게요. 체력이 중요하다고 들었는데 근대에서 필요한 체력은 무엇일까요?

A 답변자의 추가 답글
직업군인에게 체력은 기본이죠. 근대에서 필요한 체력은 계속되는 훈련을 이겨 내는 근력과 지구력이 가장 중요하다고 보면 됩니다. 지금부터 꿈꾸를 잘 먹고 운동도 꾸준히 해서 체력을 키우도면 반드시 좋은 결과가 있을 것이라고 생각합니다. 직업군인 님의 꿈을 응원합니다.

확인 이 내용이 담긴 디지털 매체는 인터넷 Q&A 게 시 판 이다.

Q&A와 FAQ 알아보기

- **Q&A:** 'Question & Answer(질문과 답변)'라는 뜻으로 회사나 학교, 단체에 누리집이나 인터넷 게시판에 질문을 하면 그것에 대한 답변을 받을 수 있다.
- **FAQ:** 'Frequently Asked Question(자주 묻는 질문)'이라는 뜻으로, 사람들의 질문이 반복되거나 대부분의 사람들이 궁금해할 만한 내용을 정리해 놓기 때문에 게시판에 궁금한 내용을 질문하기 전에 찾아보면 좋다.

4 주차

활동 1 다음은 무엇에 대한 장점인지 알맞은 것에 ○표를 하세요.

- 답글을 쓰는 사람이 전문가라면 정보에 대한 신뢰성이 높아질 수 있다.
- 해당 내용을 잘 아는 사람에게 자세한 답글을 받을 수 있다.
- 다른 궁금한 질문도 추가해서 할 수 있다.

작성자가 언급하는 정보를 직접 검색했을 때

작성자가 언급하는 정보를 게시판에 질문했을 때

해설 게시판에 질문하여 답글을 받으며 기다리는 시간이 더 오래 걸릴 수 있고, 전문가가 아닌 사람이 잘못된 정보를 줄 수도 있다는 단점도 있습니다. 믿을 만한 정보인지, 필요한 정보인지 가려 내는 능력이 필요합니다.

활동 2 인터넷 Q&A 게시판의 특징을 잘 나타낼 수 있는 말을 간단하게 표현해 보세요.

알고 싶은 정보의 지식을 검색해 주는 지식 박사

예) 궁금증을 해결해 주는 척척 박사

해설 인터넷 Q&A 게시판의 역할이나 특징을 떠올려 간단하게 표현해 봅니다.

활동 3 인터넷 게시판에 나타난 다음 질문에 대한 추가 정보를 검색해 보려고 합니다. 매체에서 알맞은 내용을 찾아 답글을 써 보세요.

Q&A 게시판 >>>

Q 체력이 중요하다고 들었는데 군대에서 필요한 체력은 무엇일까요?

A 예) 군대에서 필요한 체력은 끈기입니다. 군대에서는 힘든 훈련과 규칙적인 생활을 해야 합니다. 고된 훈련을 이겨 내기 위한 끈기가 필요하고, 정해진 규칙을 꾸준히 지켜 나가야 하는 힘이 필요합니다.

해설 매체를 검색하여 믿을 수 있는 내용으로 답글을 찾을 때에는 정확하고 관련 있는 정보를 찾아보는 것이 중요합니다.

▲ 작성자가 인터넷 게시판에 올린 글은 무엇인지 ○표를 하세요.

자신의 꿈인 (직업군인, 정훈관)에 대한 질문을 올렸다.

해설 작성자는 자신의 꿈인 직업군인에 대해 좀 더 알고 싶어서 인터넷 Q&A 게시판에 질문을 올렸습니다.

▲ 이와 같은 인터넷 게시판에 대한 설명으로 알맞은 것이 기호를 쓰세요. 답 ㉮

㉮ 인터넷을 통해 질문과 답변을 주고받는 형식이다.
㉯ 전문가에게 편지를 쓰고 개별적으로 답장을 받는 형식이다.
㉰ 상대방을 직접 만나 궁금한 내용을 주고받는 형식이다.

해설 ㉯는 전자 우편, ㉰는 면담이 특징입니다.

▲ 질문자의 질문에 대한 답글을 알맞게 정리하지 <u>못한</u> 것에 ○표를 하세요.

Q 직업 군인이 되는 방법은 무엇인가?
A 사관학교를 졸업해서 되는 방법만 있음.

Q 군대에서 필요한 체력은 무엇인가?
A 건강한 체력은 기본이고 근력과 지구력이 가장 필요함.

해설 질문과 답글이 때로는 맞지 않을 때도 있습니다. 인터넷 게시판 질문에 대한 답글을 읽을 때에는 정확하고 관련 있는 정보를 찾아보는 것이 중요합니다.

4 주차

5회 문화

1 인터넷 백과사전을 읽고 광고 만들기

놀라운 숯

참숯 가마를 운영하는 이웃이 숯 한 자루를 엄마에게 선물하셨어요. 엄마는 숯이 얼마나 쓸 데가 많은지 모든단계 좋아하셨지요. 숯에 대해 자세히 알아보고 블로그에 올릴 숯 광고를 만들어 보세요.

똑똑백과사전

새까맣다 놀리지 마라, 숯

요약 나무를 숯가마에 넣어 구워 낸 검은 영리의 연료.

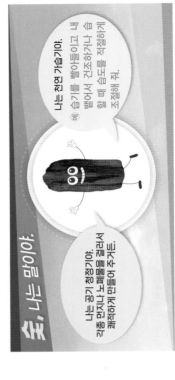

숯은 참나무, 밤나무, 소나무 등을 숯가마에 넣어서 구워 낸 것이다. 특히 참나무로 만든 '참숯'을 가장 좋은 숯으로 여긴다. 우리 조상들은 집집마다 숯을 모아 저장해 두고 여러 가지 목적으로 이용하였다. 좋은 숯은 보통 불이 잘 타지 않고, 타더라도 오래 불이 없어서 생활에서 사용하기 좋았다. 또 숯을 숯다리미에 담아 옷을 다리고, 화로에 담아 방을 따뜻하게 유지하기도 했다. 이 외에도 숯에는 다양한 효능이 있어 지금도 생활에 널리 이용되고 있다.

습도 조절

숯의 표면에는 갈라진 틈과 구멍이 많다. 이 틈 사이로 습기를 빨아들이고 내뱉어서 습할 때 습도를 적절하게 조절해 주어 쾌적한 환경을 만든다.

냄새 제거

숯은 종지 않은 냄새를 없애는 기능도 뛰어나다. 냉장고나 신발장 등 밀폐된 곳에 숯을 넣어 두면 음식 냄새나 나쁜 냄새를 없애 준다.

공기 정화와 노폐물 제거

숯은 공기를 깨끗하게 하여 숲에서 맡은 공기를 마신 것처럼 상쾌함을 주고, 각종 먼지나 노폐물을 걸러 깨끗한 환경을 만들어 준다. 우리 조상들은 이를 이용하여 장을 담을 때나 김장을 할 때 숯을 넣어 음식을 오랫동안 신선하게 보관했다.

활동 이 내용이 담긴 디지털 매체는 인터넷 **[백] [과] [사] [전]** 이다.

인터넷 백과사전의 내용으로 알맞은 것에 ○표를 하세요.

- 숯의 효능
- 숯을 만드는 방법
- 숯가마의 비밀

해설 숯의 다양한 효능과 쓰임에 대해 설명하고 있습니다.

인터넷 백과사전 내용을 참고하여 다음 빈칸에 알맞은 말을 써넣으세요.

- 숯은 여러 효능이 있어 우리 조상들은 오래 전부터 숯을 저장해 다양하게 이용하셨다. 숯 중 예서도 (참숯)을 좋은 숯으로 여겼다.
- 숯은 (공기)을 깨끗하게 하여 숲에 있는 것과 같은 상태함을 준다.

해설 숯 중에서도 참나무로 만든 참숯을 좋은 것으로 여겼고, 숯은 공기를 상쾌하게 해 주어 쾌적한 환경을 만들어 줍니다.

활동 숯의 효능을 알아보고 블로그에 올릴 숯 광고를 만들어 보세요.

숯, 나는 말이야.

나는 천연 가습기야.
예 습기를 빨아들이고 내뱉어서 건조하거나 습할 때 습도를 적절하게 조절해 줘.

나는 공기 청정기야.
각종 먼지나 노폐물을 걸러서 쾌적하게 만들어 주는

해설 숯의 효능인 습도 조절, 공기 정화를 중심으로 숯 광고를 만들어 봅니다.

광고 만드는 순서 알아보기

- 광고하고 싶은 물건에 대해 알리고 싶은 점을 생각한다.
- 관심을 끌 수 있는 표현 방법에 대한 아이디어를 떠올린다.
- 스토리 보드를 만들어 대본을 쓰고 촬영 및 녹음을 한다.
- 편집을 하고 완성한다.

5회 생활

1 SNS와 인터넷 백과사전을 읽고 레시피 소개하기

김밥 만들기

유명 분식 업체는 새로운 메뉴를 개발하기 위해 누리 소통망(SNS)을 통해 요리법(레시피) 공모를 받는다고 해요. 요리에 관심이 많은 두리는 평소 좋아하는 김밥 분야에 참여하기로 했어요. 레시피 공모전에 도전할 김밥 레시피를 만들어 보세요.

엄마손 분식 레시피 공모전

아빠, 분식 레시피 공모전을 한대요.

분식? 어떤 분식?

요즘 K-푸드(Korea Food)가 대세라서 그런지, 이런 공모전도 하는구나.

K-푸드요?

K-푸드는 한국 음식을 뜻하는 말로, 김치 같은 전통 음식뿐만 아니라 라면, 김밥 같은 대중적인 한국 음식까지 포함하는 말이란다.

아빠, 우리도 공모전에 도전해 볼까요?

오예, 우리도 공모전에 도전하는 거야?

김밥

성격	음식
유형	물품
용도	식생활, 간식용, 도시락용, 여행용
분야	생활/식생활

요약 밥에 여러 가지 속을 넣고 김으로 말아 싼 음식

재료

주재료: 김, 밥, 단무지, 당근, 시금치, 당근, 어묵
부재료: 참기름, 소금, 설탕, 식초, 깨소금 등

만들기

1. 밥에 김을 깔고 밥을 얇게 편다.
2. 준비한 재료를 얹는다.
3. 돌돌 말아서 꼭꼭 누른 다음, 칼로 먹기 좋게 자른다.

특징

김밥은 따로 반찬이 필요 없어서 간편하게 먹을 수 있는 음식이다. 그래서 나들이나 간편식으로 널리 이용된다. 평소에도 도시락이나 간편식으로 널리 이용된다.

▲ SNS와 인터넷 백과사전을 통해 알 수 있는 내용에 ○표를 하세요.

엄마손 분식은 각 분야별로 분식 레시피를 공모하고 있다.

K-푸드(Korea Food)란 김치, 고추장, 불고기 같은 한국의 전통 음식만을 뜻한다.

해설 K-푸드(Korea Food)란 한류를 이끄는 한국 음식으로 전통 음식뿐만 아니라 한국인의 입맛에 맞는 다양한 음식이나 재료를 뜻합니다.

두리는 세계인의 입맛을 사로잡기 위해 스테이크와 김밥의 어울림을 생각했습니다. 두리가 생각한 김밥을 만들기 위해 필요한 재료에 모두 ○표를 하세요.

식빵 밥 김 단무지 갈치 유유
소고기 스테이크 낚지 시금치 당근 스테이크 소스 옥수수
조개

해설 김밥의 스테이크를 더한 음식이므로 일반 김밥 재료에 스테이크 재료를 추가합니다.

활동 엄마손 분식 레시피 공모전 SNS에 올라온 돈가스 김밥 레시피를 보고, 위에서 고른 재료로 스테이크 김밥 레시피를 만들어 보세요.

tta.s.tty

258 Likes

#외국인들도좋아하는돈가스김밥
1. 김을 깔고 그 위에 밥을 얇게 편다.
2. 단무지, 당근, 시금치, 당근, 어묵 위에 돈가스를 얹고 돈가스 소스를 뿌린다.
3. 끝에서부터 꼭꼭 돌돌 말아 가며 돌돌 말아 준다.

해설 고른 재료로 김밥 만드는 과정을 알기 쉽게 순서대로 정리합니다.

y.song

0 Likes

예 #세계인입맛사로잡을스테이크김밥
1. 김을 깔고 그 위에 밥을 얇게 편다.
2. 단무지, 시금치, 당근, 스테이크를 얹고 스테이크 소스를 뿌린다.
3. 끝에서부터 꼭꼭 돌돌 말아 가며 돌돌 말아 준다.

- '레시피(recipe)'란 요리, 음식 등을 만드는 방법을 뜻한다.
- 일반적으로 요리 이름, 조리 시간, 준비 재료, 재료 사진 등이 담겨 있다.
- 요즘에는 가전 제품 업체가 요리사와 함께 해당 제품과 관련된 간편 레시피를 보여 주며 홍보하는 시도가 많아지고 있다.

낱말 사전에서 찾아보기

확인 문제

5 다음은 무엇에 대한 설명인가요? (⑤)

- 대중 매체의 변화로 인해 디지털화가 되고 있다.
- 학교 교육도 디지털 러닝 시스템으로 이루어지면서 엄청난 자료들을 검색할 수 있는 온라인 서비스가 이루어지고 있다.

① 인터넷 뱅킹 　② 스마트폰 문자 　③ 인터넷 게시판
④ 신문 광고지 　⑤ 인터넷 백과사전

해설 디지털 시대를 맞아 CD롬이나 USB와 같은 새로운 매체에 내용이 실리기도 하고 엄청난 자료로 온라인 백과사전 서비스가 이루어지고 있습니다.

6 다음과 관련된 매체는 무엇인지 알맞은 것에 ○표를 하세요.

인터넷 Q&A 게시판 　인터넷 퀴즈 신문 　인터넷 공익 광고

해설 인터넷 Q&A 게시판은 질문에 맞는 분야를 선택하고 질문을 작성하면 알맞은 답글을 받을 수 있습니다.

- 질문과 대화를 주고받는 행위이다.
- 회사나 하고, 단체의 누리집이나 인터넷 게시판에 질문을 하면 그것에 대한 답글을 받을 수 있다.

7 다음 광고에서 말하려는 내용은 무엇인가요? (②)

① 숯의 종류 　② 숯의 효능 　③ 숯의 색깔
④ 숯의 모양 　⑤ 숯의 가격

해설 숯은 습도를 조절해 주고, 공기를 깨끗하게 해 주는 효능이 있습니다.

확인 문제

I 온라인 대화방에서 대화할 때의 장점을 알맞게 말한 친구의 이름을 쓰세요.

홍림: 컴퓨터나 스마트폰만 있으면 시간과 공간의 제약을 받지 않아.
이산: 주제를 정해 대화하다가 다른 내용으로 쉽게 빠지기 쉬워.
진아: 너무 많은 대화가 오가다 보면 중요한 내용을 놓칠 수 있어.

(홍림)

해설 온라인 대화를 하면 빠르게 소통할 수 있고, 컴퓨터나 스마트폰만 있으면 시간과 공간의 제약을 받지 않는 장점이 있습니다.

2 다음은 어떤 매체에서 찾은 자료인가요? (①)

① 블로그 　② 카드 뉴스 　③ 인터넷 게시판
④ 인터넷 신문 　⑤ 인터넷 백과사전

해설 블로그에서 찾은 자료입니다.

3 다음은 무엇을 만드는 차례를 나타낸 것인지 쓰세요.

만화를 그리기 전에 흥미를 끌 만한 소재를 찾아 시나리오를 작성함. → 시나리오에 따라 만화 성격도를 정한 다음 칫을 나누고, 스케치, 채색, 편집, 대사 넣기 등의 그림 작업을 함. → 컴퓨터로 그린 그림을 인터넷에 올림.

(웹툰)

4 '클로버'와 관련된 검색 키워드로 알맞지 않은 것은 무엇인가요? (④)

① 로마 　② 이탈리아 　③ 검투사
④ 인도 　⑤ 세계 유산

해설 클로버는 이탈리아 로마에 있는 원형 경기장으로 유네스코 세계 유산입니다.

디지털 매체 학습으로 문해력 키우기

'디지털독해가 문해력이다'

디지털 매체에서 정보를 알맞게 읽어내는 문해력

◇

교과별 성취 기준을 바탕으로 한 디지털 매체 학습을 중심으로 구성

◇

실생활에서 자주 접하는 다양한 디지털 매체를 제시하여 활용해 보는 활동

◇

디지털 매체를 활용한 다양한 독해 활동과 확인 문제를 구성

◇

학습 내용과 함께 가치 동화를 제시하여 5가지 올바른 가치를 강조

교과서를 문자로 읽지 못하는 우리 아이? 평생을 살아가는 힘, '문해력'을 키워 주세요!

EBS '당신의 문해력' 교재 시리즈는 **약속**합니다.

교과서를 잘 읽고
더 나아가 많은 책과 온갖 글을 읽을 수 있는 능력을 갖출 수 있도록

문해력을 이루는 **핵심 분야별**, **학습 단계별** 교재를 준비하였습니다.

한 권 **5회×4주 학습**으로 아이의 공부하는 힘,

평생을 살아가는 힘을 EBS와 함께 키울 수 있습니다.

찢고 해체

래모어 엄마